나는 일상에서 영감을 주웠다

목 차

Part 1.
고요한 몰입, 나를 마주하는 시간 속에서 피어나는 영감　　11

Part 2.
일상 속 균열과 불안, 예술로 다독이다　　83

Part 3.
관계 속에서 배우고 성장하며 발견하는 영감　　159

Part 4.
세상과 연결되어, 지속 가능한 창작의 길을 찾다　　221

Part 5.
예술, 그 의미에 관하여　　287

나는 일상에서 영감을 주웠다

임승희 지음

들어가는 말

안녕하세요, 환경미술가 임승희입니다. 저는 일상에서 만날 수 있는 버려진 자원을 수집하고 관찰하여 이야기를 담는 작업을 하고 있습니다. 에세이 『나는 일상에서 영감을 주웠다』는 예술가의 일상은 영감으로 이어진다는 메시지를 담고 있습니다.

삶 속에서 우리는 불안과 두려움, 그리고 풀리지 않는 딜레마와 같은 다양한 감정을 마주하게 됩니다. 이러한 감정들은 때로는 우리를 압도하기도 하지만, 그 속에서 발견하는 작은 순간들이 영감으로 이어질 수 있다는 것을, 저는 경험해 왔습니다. 가족들과 함께하는 소중한 시간, 요리를 하며 느끼는 즐거움, 또한 일상 속에서 마주치는 사소한 것들 속에서 발견한 특별한 순간들이 저에게 어떻게 영감을 주었는지를 글로 풀어내고자 했습니다.

이 에세이를 통해 독자 여러분께 전하고 싶은 메시지는 영감의 재료는 어디에나 존재하며, 특히 각자의 일상 속에서 쉽게 찾을 수 있다는 것입니다. 일상에서 만난 영감을 자신이 좋아하는 방법으로 표현해 보는 것은 매우 소중한 경험이 될 것입니다. 저는 일상 안에 예술이 숨 쉬고 있으며, 누구나 예술가가 될 수 있다는 믿음을 가지고 있습니다. 이러한 배움을 실천해 보고 싶었습니다. 여러분도 일상 속에서 영감을 발견하고, 그 영감을 통해 자신만의 이야기를 만들어가길 바랍니다.

Part 1.
고요한 몰입,
나를 마주하는 시간 속에서
피어나는 영감

#혼자 노는 재미

세상을 무슨 재미로 사느냐는 질문을 종종 받는다. 취미도 따로 없고, 여행도 그다지 즐기지 않는다. 영화나 공연도 시간을 내야 해서 큰마음을 먹어야 한다. 음식도 배고플 때 허겁지겁 먹는 것을 딱히 중요하게 생각하지 않는다. 남들이 보기엔 건조하고 재미없는 삶이다. 나는 나만의 재미를 갖고 산다. 나에 관해 탐구하고 연구할 때가 가장 재미있다. 외부에 대한 호기심보다 자신에 대한 호기심이 더 크다.

호기심의 대상인 나를 탐구하기 위해서는 혼자 있는 시간을 반드시 확보한다. 아침에 가족 중 가장 먼저 일어나 방석에 앉아 고요히 침묵 기도를 드린다. 침묵은 나를 연구하는 데 가장 중요한 시간이다. 이 시간 동안 마음을 불안하게 하던 잡념들이 서서히 정화된다.

이처럼 정화된 정서는 묵상을 통해 하루를 살아갈 문장을 만난다. 이 문장을 어떻게 해석하고 받아들이는지, 자신을 들여다본다. 정말 재미있는 시간이다. 고요한 시간이 지나고 가족들이 하나둘씩 일어난다. 아침을 준비하며 가족들과 인사를 나눈다. 매일 보는 사람들이지만, 지난밤에 잘 잤는지 물으며 오늘을 잘 지내길 빈다. 가족들이 각자 학교나 회사로 가고 나면 다시 혼자 남는다. 약속된 일정을 수행하거나 일정이 없다면 거의 산책하러 나간다.

걸으면서 많은 이야기를 나눈다. 자신에게 이야기하기도 하고, 나를 이끄시는 신에게도 말을 건넨다. 소리 내어 떠들 때도 있고, 고요히 호흡하며 속으로 말할 때도 있다. 아무 생각 없이 무작정 계속 걸을 때도 있다. 이런 걸음이 격한 에너지를 소모하는 활동은 아니지만, 여하튼 나는 신난다. 혼자 있는 시간이 가장 즐겁다. 그렇다고 사람들 속에 들어가지 않는 것은 아니다. 나를 탐구하는 시간을 확보해 재밌게 논 다음 사람들 속으로 들어간다. 혼자 하고 싶은 이야기를 실컷 했기 때문에 상대의 이야기를 기꺼이 받아들일 수 있다. 사람들의 목소리를 주의 깊게 들을 수 있게 된다.

그렇게 되면 그 어렵다는 공감을 할 수 있게 된다. 혼자 노는 재미는 나의 직업에 큰 영향을 주었다. 여러 선택 속에서 가장 좋은 선택을 하는 것, 그럼으로써 진정한 행복을 찾아내는 걸 만들어 나가는 게 나의 일이다. 어떤 재료를 쓸까? 몇 분 동안 진행할까? 누구와 협업할까? 어떤 공간에 작품을 넣을까? 이렇듯 선택은 끊임없이 고민을 주면서도 동시에 실패의 두려움을 뚫을 힘을 준다. 혼자 노는 재미를 알게 된 이후, 선택에 대해 좀 더 관대해졌다. 바른 선택과 나쁜 선택은 없다는 것을 깨달았기 때문에. 어떤 선택이든 내가 직접 고를 힘이 있는가, 그것을 고름으로써 나는 행복할 수 있는가를 판단하는 것이 중요했다. 무엇인가를 선택했다면 그 결과는 상대적이지만, 그를 통해 목표로 움직이고 나아갔다면 잘한 것임이 틀림없었다.

선택할 힘을 기르는 과정이 혼자 노는 시간이다. 그 힘은 철저히 욕망 주의자이자 비관주의자인 나에게 절망의 한가운데를 지나 욕망을 넘어서는, 그러한 선택을 할 수 있게 도와주었다.

나는 세상에서 가장 재미있게 살고 있다.

#감을 맺자

나는 평소에 영감이라는 것에 남다른 끌림을 느낀다. 주로 내가 살아가는 시간과 환경에서 영감을 얻으려 한다. 그렇지만 애를 써서 영감을 받으려는 노력도 역시 꾸준히 하고 있다. '영감'은 말 그대로, 영혼 영(靈)과 느낄 감(感)으로 이루어져 있다. 즉 영감은 신령한 것에서 오는 느낌 또는 영적인 느낌으로 해석할 수 있다. 요즘 주변에서 '감 떨어졌다'라는 말을 자주 듣는다. 여기서 말하는 '감'이 바로 영감의 '느낄 감(感)'이었다. 분명 이미 이를 알고 있는 사람들도 있겠지만, 나에게는 신선하고 새로운 발견이었다. 감(感)을 잃었다. 감이 안 온다. 감이 안 잡힌다. 이는 세상의 모든 결에서 잠시 멀어진 상태를 말하는 것이다. 감각의 매듭이 풀려버린 것이다. 느껴져야 비로소 시작할 수 있는 동력이 생긴다. 느낌이 와야 시작할 수 있고, 느낌이 잡혀야 시작할 수 있다.

그렇다면 우리는 어떻게 해야 감각을 쥐고, 놓치지 않을 수 있을까? 느낄 감(感)을 잃지 않기 위해 나는 1일 1 창작을 실천하고 있다. 창작은 그 방식이 너무도 다양해서 크게 고민하지 않아도 되니, 불안을 사그라뜨리고 마음을 편하게 만들어준다. 창작에는 글을 쓰는 것, 사색에 잠기는 것, 아무것도 하지 않고 그저 멍하니 있는 것 모두를 아우른다. 당장의 결과물이 보이지 않을지라도 과정 자체가 창작의 영역이나 다름없다. 1일 1 창작은 자칫 잃을 수 있는 감을 꼭 붙들어주고, 창작의 꾸준함을 훈련해 주었다. 창작을 하면서 이건 아닌데, 라고 생각될 때는 바로 지나치게 많은 의지가 들어간 결과물을 마주할 때다. 이는 창작자와 관람자 모두에게 불편함을 줄 수 있다.

그래도 어느 정도의 의지가 반영되어야, 창작할 힘이 솟아난다. 의지가 너무 넘치지도 모자라지도 않게, 중용의 선을 지키는 것. 그 아이러니와 딜레마 속을 뒤흔들며 유연하게 통제하는 것이 창작자의 역할이자 숨겨진 재미이다. 반복되는 1일 1 창작 훈련 속에서도 홀로, 그리고 스스로 재미를 찾아내야 한다. 그래야지만 지속 가능한 감(感)을 유지할 수 있고, 의지가 머무는 자리에서 싹틔운 창작의 작업을 계속할 수 있다.

    영감이 깃드는 창작의 순간들. 그 속에서 온전한 '감'이 되살아날 수 있기를 바란다. 꾸준함, 성실함, 익숙해진 훈련들, 그것만이 진실한 창작의 열매를 자아낼 것이라고, 나는 그렇게 믿는다.

#서예와 김밥

벌써 한 해가 저문다. 한 달밖에 남지 않은 시간을 헤아리니, 달려온 시간이 쌀쌀한 겨울 빛을 그리고 있다. 실은 봄부터 쉼 없이 달리고, 또 달렸다. 여름에도 열심히 전시와 강연을 진행했다. 예년보다 길어진 여름 때문에 과연 가을이 올까, 하고 의심이 들 정도로 뜨거웠는데 더위에 지쳐 무기력해질 무렵, 찬 바람이 불기 시작했다. 게다가 가을은 또 얼마나 짧고 달콤했던가. 자연은 모든 이파리를 떨어

뜨려 겨울을 준비했다. 나도 겨울을 맞이할 마음의 준비를 해야만 한다. 12월부터 3월까지. 무려 넉 달 동안 딱히 진행되는 일이 없어도 마냥 놀고만 있을 수는 없었다. 내년을 준비해야 하니 막연한 불안감이 가슴을 파고든다. 이번에는 또 얼마나 추울 것인가? 그동안의 세월을 돌이키면 이렇게 매서운 겨울에 늘 지곤 했었다. 그렇지만 이번 겨울은 왠지 따뜻하게 보낼 수 있을 것 같다는 예감이 든다. 새로운 배움을 계획하고 있기 때문이다.

내가 속해있는 예술공동체의 일원 중 붓글씨를 쓰는 선생님이 계신다. 초등학교 때는 화선지, 벼루, 먹, 붓 등 재료를 준비하는 것도 재미있었고 그걸 만지는 것도 좋았다. 지금도 그런 것을 감각 하는 게 여전히 좋았다. 선생님은 붓글씨에 가장 중요한 재료인 화선지에 대해 알려주셨다. 화선지는 거친 면과 매끄러운 면을 가지고 있다. 선생님께서는 화선지의 매끄러운 면에 글씨를 쓰라고 하셨다. 거친 면은 먹물이 묻자마자 금세 번지기에 글씨를 쉬이 정돈해주지 않는다고 하셨다. 얇은 화선지에 먹물을 묻힌 붓으로 글을 쓸 때는 자칫 종이가 찢어질까 봐 신중하게 선을 긋게 된다. 이 호흡이 붓글씨, 곧 서예의 매력이 아닌지 생각했다. 벼루에 정성스럽게 먹을 갈고, 붓에 충분히 먹물을 묻혀 천천히 호흡하며 선을 긋는다. 그걸 하고 있노라니 저절로 차분해지고 정화되는 느낌이 들었다.

한 시간을 꼬박 선 긋기에 집중하고 집으로 돌아왔다. 새로운 배움으로 에너지를 많이 쓴 탓에 배가 고팠다. 얼른 냉장고를 열어 김을 꺼냈다. 김을 깔고 밥을 놓으려는 순간 새로운 것을 알게 되었다. 김도 화선지와 마찬가지로 거친 면과 매끄러운 면이 있다는 것이었다. 김밥을 쌀 때는 거친 면에 밥을 올리고 다양한 재료를 그 위에 올린다. 여기가 밥알을 잘 잡아줘서 김밥이 안전하게 말아진다. 김밥을 마는 것도 서예와 비슷하다고 생각했다. 다양한 색을 가진 김밥의 재료를 준비하는 것도 재미있었고 그것들을 바라보는 것도 아주 좋았다. 김의 거친 면을 위로 향하게 하여 밥과 재료를 올린 뒤 그걸 꽉꽉 누르고 둘둘 말아서 정성스럽게 김밥을 완성한다. 이때가 가장 중요한 순간이다. 김밥의 재료와 밥알이 김을 뚫고 나오지 않도록 신중해야 한다. 한 호흡이 섬세하게 움직여야 한다. 그렇게 본다면 서예와 김밥은 서로 닮은 결을 지닌 창작의 갈래다.

생각을 표현하는 서예는 부드럽고 안전한 면을 선택하고, 허기를 채워주는 김밥은 밥이 터지는 걸 막기 위해 거친 면을 선택한다. 세상에는 창작을 하는 다채로운 재료와 방법들이 존재한다. 그 재료들은 나의 감각을 어루만지며 일상 위에 영감이라는 꽃으로 피어난다. 나는 그 세계에서 내 영혼을 예술에 의지할 수 있다.

창작은 겨울을 지나 나에게로 온다.

#모음과 마더보드

서예에서 선 긋기를 마치고 나서야 드디어 자음과 모음을 쓰는 단계가 되었다. 비로소 진짜 붓글씨를 쓰는 느낌이었다. 한글을 배울 때는 자음과 모음을 소리 내어 읽으면서 한 자 한 자 써 내려간 기억이 난다. 그 대신 오늘은 조용히 써본다.

글씨를 쓰다 보니까 자연스럽게 자음과 모음에 관한 관심이 생겼다. 자음은 한자 子(자)자를 쓰면서 기대는 소리라고 한다. 즉 홀로

소리를 내지 못하는 글자인 것이다. 그에 비해 모음은 한자 母(모) 자를 써서 제 소리로 선명히 울리는 존재다. 한글의 자음과 모음을 완성한 것들이 새로운 의미로 다가왔다. 마치 아들과 엄마의 관계 같았다. 자음이 아무리 다양한 소리를 가지고 있다고 해도 모음이 없으면 실질적인 소리를 낼 수 없다. 자식이 엄마 품에 기대고 엄마가 자식을 감싸안을 때 글자는 완성되는 것이다. 이렇듯 자음과 모음을 이야기하며 엄마의 존재가 얼마나 큰지 감탄하고 있을 때였다. 컴퓨터를 수리하는 일을 하는 남편이 이런 말을 했다. 컴퓨터가 운영될 수 있도록 필요한 칩을 꽂는 메인보드의 또 다른 이름이 '마더보드'라고 했다. 엄마의 넓고 든든한 품에 다양한 부품들이 꽂히면서 컴퓨터의 전체 구조가 건강하게 완성되는 것이다.

마더의 위대함이여……. 인간이 만든 언어와 기계 속에 푸근하게 자리 잡아, 우리의 삶을 부드럽게 품어주고 있었다고 생각하니 가슴이 뭉클했다. 엄마는 어디에나 존재했고 늘 한결같이 우리를 지켜주고 있었다. 그러자 나의 엄마가 떠올랐다. 할머니가 된 엄마는 이제 예전처럼 나를 보살펴 주실 수는 없지만, 대신에 이젠 몸보다 마음으로 곁에 계신다. 그 지극한 정서의 응원은, 우리 자녀들에게도 조용히 스며들어 단단한 신뢰로써 우리를 이어지게 하고 있다.

정성스럽게 자음과 모음을 연습한다. 선생님께서 처음보다 많이 좋아졌다고 칭찬해주셨다. 실력이 많이 좋아진 지금, 자음이 든든하다. 모음 없이는 글자가 될 수 없어 그 자격이 부족했다. 나도 누군가를 빛내주고 완성해주는 모음이 되고프다.

나는 그렇게, 글자들의 곁에서 환해지고 싶다.

#자음 'ㅇ' 연습

오늘은 자음 'ㅇ'을 쓰는 날이다. 단단하지 않은 붓 끄트머리로 ㅇ을 쓰기가 어렵다. 붓끝이 자주 흐트러지기 때문이다. 그래서 일부러 더 천천히 쓰고 있다. 일직선보다 곡선의 유연함이 필요한 것 같다. 계속 ㅇ을 쓰고 있으니 또 딴생각에 빠진다.

ㅇ은 마치 작은 도넛 반죽들이 화선지 위에 하나씩 놓인 것 같다. 이제 막 뜨거운 기름에 들어갈 준비라도 하는 걸까? 그렇게 딴생각

에 빠져 있을 때 선생님께서도 이런 내 마음을 눈치채셨는지 ㅇ에 대해 설명해 주셨다. 자음 ㅇ은 소리가 없는 자음이라고 했다. ㅇ이 모음 앞에 올 때는 소리가 나지 않고, 그 자리에 모음이 머물 수 있도록 조용히 자리를 내어준다고 하셨다. 비록 소리를 내는 역할은 하지 못해도 발음의 원활함을 위해서는 꼭 필요한 글자였다. 자음 ㅇ을 쓰면서 숫자 0이 떠올랐다. ㅇ이 소리가 없는 자음인 것처럼, 숫자 0도 값이 없는 숫자이다. 숫자 0은 '없음' 또는 '비어 있음'을 나타내는 숫자로, 수의 개념을 확장하는 데 필수적이다. 자음 ㅇ과 숫자 0은 소리도, 값도 없지만, 반드시 있어야만 하는 존재들. 그들은 다만 존재만으로도 제 역할을 다하는 것이다. 공교롭게도 자음 ㅇ과 숫자 0은 표기 방법도 닮아있다. 도넛 모양 같기도 하고 고리 같기도 하다. 그 안은 텅 비어 있는 모습이다.

자음 ㅇ을 쓰는 연습이 끝나고 연습지를 집으로 가지고 왔다. 비어 있는 것처럼 보이는 나의 ㅇ에 크레파스로 예쁘게 색을 채웠다. 내가 보기엔 ㅇ이 귀한 빛으로 가득 찬 것처럼 보였기 때문이다.

비었지만, 그 속은 가득 찼다.

#⟨인디아나 존스⟩와 ⟨걸어도 걸어도⟩

영화를 좋아한다. 누구나 한 번쯤 영화를 좋아하게 된 계기가 있다. 나에게도 그런 특별한 시작이 있다. 그건 바로 ⟨인디아나 존스⟩ 덕분이었다. 영화가 비현실적일수록 오히려 감동은 깊어졌다. 나는 주인공들의 모험을 통해 대리만족하며 일상을 살아갈 힘을 얻었다. 그런가 하면 애니메이션도 좋아하는 편이었다. 영화관의 큰 스크린에서 애니메이션만이 구현할 수 있는 장면이 나올 때마다 감탄을 금치 못했다. 이렇듯 내 취향은 꿈과 희망의 어드벤처 쪽이었지만, 마음 깊숙이 로망 하는 건 사실 작가주의 쪽이었다.

나는 고레에다 히로카즈 감독의 영화를 보고 싶었다. 그는 많은 영화제에서 상을 받고, 영화인들 사이에서도 매우 존경받는 감독이기 때문이다. 다큐멘터리를 보다가 몇 번 잠든 적이 있는 나는, 그 감독의 영화들이 너무 잔잔해서 잠들어버릴까 봐 선뜻 그의 영화를 보려는 도전이 쉽지 않았던 게 사실이다. 고레에다 히로카즈 감독의 영화를 보기에 앞서 그가 쓴 영화 자서전을 읽었다. 마음의 예열이라고나 해야 할까. 그의 생각을 먼저 알게 되면, 영화를 더욱더 친근하게 느껴 집중하면서 볼 수 있을 것만 같았다. 〈환상의 빛〉을 보고 크게 감동을 받은 후 〈공기인형〉을 봤다. 인형의 시점에서 진행되는 이야기가 신선했고 엔딩은 강한 충격을 주었다. 한동안 충격에 빠져나오지 못해 정작 가장 보고 싶었던 〈걸어도 걸어도〉는 뒤로 미뤄졌다.

시간이 흐른 후에라야 〈걸어도 걸어도〉를 봤는데 역시나 다큐멘터리처럼 잔잔한 영화였다. 밥 먹는 장면이 중요한지 여러 차례 정성스럽게 밥을 차려 먹는 장면이 많은 게 인상적이었다. 그렇더라도 그의 영화를 감상하는 과정은 쉽지 않았다. 너무 잔잔한 나머지 인물들의 대사가 바람처럼 흘러가 버릴 때도 있었다. 대사 없이 한참 동안 배경만 보이는 장면도 있었다. 그래도 지극히 현실적인 이야기를, 영화적 양념 없이, 끝까지 이야기해 나가는 저력에 감탄했다.

이런 이유로 감각적인 영화들에 길든 나를 고요함이 가득한 영화의 세계에 깊이 빠지게 했다는 점이 놀라웠다. 어드벤처나 애니메이션 영화는 그저 큰 고민 없이 선택하는 것만으로도 충분히 두 시간을 책임져준다. 그만큼 신나게 영화를 이어간다. 이와 달리 잔잔한 영화들은 꼼꼼히 봐야 하고, 천천히 진행되는 영화의 호흡에 내가 따라가야 한다. 이런 수고는 꼭 보상이 있었다. 영화가 끝나도 내 안에서 여러 번 다시 상영되었다. 나는 이 시간을 '영화 묵상'이라고 이름 붙였다.

수시로 찾아오는 영화 묵상 중에 잊고 있던 한 장면이 떠오르면서 쿵, 하고 나를 지배한다. 그럴 때면 잃어버린 길의 이름을 다시 불러보는 기분이다. 영화라는 풍경 위에서 나는 더 이상 길을 잃지 않는다.

#하나를 알면 둘을 몰라도 된다

큰애는 대학에 입학하자마자 아르바이트를 시작했다. 처음 일을 배우던 시기에 일머리가 부족하고 긴장해서 사장님께 많이 혼났다고 털어놓았다. 그 말에 속상해서 "엄마도 그랬어." 나는 괜스레 마음이 아렸다. 큰애의 이야기를 들으며 나도 과거에 일하던 시절이 떠올랐다. 나 역시 일을 배우는 데 오랜 시간이 걸렸고, 매일같이 긴장하며 일했다. 그때 나는 하나를 완전히 익히기까지 다음 단계로 넘어가려 하지 않았던 것이 생각났다. 빨리 다음 업무로 넘어가야 하는 상황에서, 왜 그때 나는, 그렇게밖에 할 수 없었을까. 하나만 알고 나머지를 모르는 내 모습이 안타까웠다. 하나에 꽂히면 다른 것은 보지 않게 되고, 그런 내 모습이 순진하고도 어리게 느껴져 마음 한편이 저릿했다.

그런데 곰곰이 생각해보면 하나를 알기도 전에 두 개, 세 개를 먼저 들여다보려는 건 괜찮을까? 물론 두 개, 세 개를 아는 것은 매우 유익할 수 있다. 하지만 가장 기본이 되는 하나를 제대로 모르는 상태에서 무작정 여러 개를 시도하는 것에, 과연 얼마나 깊이가 있을까? 다소 미련할지라도 하나를 알 때는 우직하게 그 하나를 끝까지 파고들어야 한다. 그래야만 두 개, 세 개가 나에게 필요한지, 의미가 있는지를 제대로 판단

할 수 있다.

  하나의 지식을 깊이 파고들 때, 우리는 비로소 다른 지식과 연결될 수 있다. 하나를 알면, 둘을 몰라도 괜찮다. 그 하나가 우리의 역량을 충분히 강화해 줄 것이기 때문이다. 다양한 정보가 쏟아지는 시대에서 우리는 본질을 잃지 않고, 하나의 지식을 소중히 여기며 깊이 있게 탐구해야 한다.

  지혜는 결국 모든 것을 아우르는 하나이기 때문이다.

#창작의 방으로 들어가세요

    친구와 한참 통화하다가 "잘 들어가"라는 인사를 받고 전화를 끊었다. 순간, 마음이 멈칫했다. '어디를 들어가지? 나는 집 안에 있는데….'

    주민센터에서 민원인과 공무원이 이야기를 나누다가 끝났을 때도 비슷한 상황이 있었다. "감사합니다. 잘 들어가세요" 때마침 나는 주민센터를 나가고 있었는데, 한참 동안 자리에 서서 그 인사말의 결을 한참 되씹었다.

대체 어디로 들어간다는 이야기지?

"들어가세요"는 "안녕히 가세요"의 또 다른 표현이라는 것을 알고 있다. 그 인사는 나를 다소 다그치는 말로 느껴진다. 누군가가 나에게 "잘 들어가"라고 하면 이제 서로 잘 의견을 나누었으니, "빨리 창작의 방으로 들어가! 내가 결과물을 기다리는 거 안 보여?"라는 의미로 해석된다.

그렇다. 나는 지금 창작 정체기를 지나고 있다. "잘 들어가"라는 말을 듣기만 하면 깜짝 놀라, '창작의 방에 어떻게 들어갔더라?' 하고 한참 헤맨다. 마치 한 번도 들어가 본 적 없는 문 앞에 서 있는 것 같다. 그 문은 나에게 창작의 세계로 들어가는 입구이자, 동시에 두려움과 불안이 가득한 공간처럼 느껴진다. 문을 밀어보니, 문은 부드러우면서도 무겁게 열렸다.

가벼운 마음으로 밀어보면 문은 쉽게 열리지만, 그 안의 무게감은 나를 압도한다. 나는 그 방 안에서 무엇을 만들어낼 수 있을까? 어떤 이야기를 풀어낼 수 있을까?

"잘 들어가"라는 인사는 나에게 단순한 작별 인사가 아니다. 그것은 나에게 창작의 방으로 들어가라는 격려이자, 나의 잠재력을 발휘하라는 요청으로 다가온다. 나는 그 말을 마음에 새기고, 문을 열고 들어가기로 결심한다. 그러니 "잘 들어가"라는 인사는 나에게 새로운 시작을 알리는 신호다. 이제 나는 그 방 안에서 새로운 창작 여정을 시작할 준비가 되었다.

#차가운 열정

 겨울이 되면 가족여행을 떠난다. 좋은 계절에 여행을 가고 싶지만, 현실은 늘 생각처럼 따라주지 않았다. 그래서 어렵사리 가족 구성원의 시간을 맞추었다. 강원도 삼척으로 가는 길 위부터 마음이 들떴다. 장거리 운전이 힘드니 자주 휴게소에 들렀고, 밥값만큼 간식에 쓰면서 자그마한 사치를 누렸다. 숙소는 바다를 끼고 있어 전망도 좋았다. 늦은 저녁을 먹고 숙소를 나와 해변으로 내려갔다. 얼어붙은 겨울바람조차 그날은 유난히 상쾌했다. 예쁘게 꾸며진 해변 포토존에서 서로 사진을 찍어주며 좋은 시간을 보냈다.

한참 걸으니 어느새 해가 지고 있었다. 종일 사람들과 자연을 비추던 태양도 겨울에는 퇴근이 빠르다. 태양이 고단한지 아주 천천히 바닷속으로 기울고 있었다. 날마다 누군가의 하루를 밝게 비추는 일은 생각보다 쉽지 않은 일이다. 자연의 모든 구성원에게 같은 빛을 제공해야 하니 말이다. 퇴근하는 태양은 따뜻한 땅에 몸을 눕히지 않고 차가운 바다로 몸을 맡기고 있었다. 쉼의 장소로 바다를 택한 태양이 어쩐지 신선했다. 일몰이 새롭게 다가왔다.

사람들은 나를 열정적인 사람이라고 말한다. 맞는 말이다. 열정은 애정을 가지고 열중

하는 마음이라고 한다. 여기서 더 나아가 나에게는 성실한 뜨거움도 함께 있다. 매사 주어진 작업에 열심히 임하는 것은 당연하고, 꾸준하게 진정성을 다하는 과정이 바로 열정이라고 생각했다. 진정성을 지키려 애쓰면서 하루를 뜨거운 기운으로 태웠다.

그런데 오늘 태양의 일몰을 바라보니 열정은 그저 단순히 뜨거움만을 지칭하는 것이 아니라는 것을 깨달았다. 날마다 같은 빛으로 자연을 돌보는 태양은 차가운 바다에서 하루를 마감한다. 종일 들끓었던 열정을 식힌다. 그렇게 열기를 식히는 과정에서 자신을 반추하고 에너지의 분배를 상상한다. 충분히 식히고 새로운 날을 맞이한다. 태양을 보며 나를 돌이켜보았다. 나는 충분히 차가워진 적이 있었던가? 속도를 줄이고, 이성적이고 냉철하게 나를 바라본 적이 있었던가? 그렇지 않다. '잘하고 싶다'라는 마음을 열정이라는 이름으로 덮어 나를 몰아세웠다.

    계속 뜨겁기만 하면 결국 다 타서 없어질 것이다. 단단해지려면 열을, 그리고 온통 불타올랐던 나 자신을 차갑게 식혀야 한다. 바다에서 잠을 자고 일어난 태양은 차가운 열정으로 하루를 산다. 차가운 쉼은, 오래 타오를 수 있는 열정을 만든다.

    태양이 지닌 그 고요하고도 꾸준한 열정의 비밀, 나도 내 안에 품고 싶다.

#나에게 보내는 메시지톡

　글씨를 쓰면 금세 손이 아파서 한동안 글을 멀리했다. 그런 시간이 지나고 어느 날부터는 글을 다시 쓰기 시작했다. 그러던 어느 날, 휴대전화의 메시지톡이 나에게 새로운 문을 열어주었다. 톡을 열고 내 계정에서 글을 쓰고 보내면, 노란 바탕으로 글이 예쁘게 들어간다. 내게 보낸 메시지는 곧바로 읽힌 것으로 처리된다. 숫자 '1'이 사라진다. 내가 나 자신에게 글을 쓰는 동시에 자신이 읽으니까 말이다. 그런 때에도 나는 마치 누군가와 소통하는 듯한 기분이 든다. 내가 보낸 글에 하트를 주기도 하는데, 그 작은 액션이 나에게 큰 공감을 준다.

나는 왜 자꾸 나에게 글을 보내는 걸까? 정답은 따로 없다. 그냥 그러고 싶기 때문이다. 어제의 내가, 오늘의 나에게 조용히 말을 건넨다. "그 일이 넌 어땠어? 괜찮았어?". 가끔은 "안 괜찮아"라고 솔직하게 말하기도 하고, 때로는 "정말 좋았지, 참 행복했어." 그렇게 마음을 건네기도 한다. 나에게 글을 보내는 시간은 어쩐지, 신비롭다. 글을 쓰면서 나의 감정을 더욱더 내밀하게 들여다보며 그날의 경험을 되짚어보게 된다. 내가 보낸 메시지를 다시 읽을 때면, 그날의 감정이 생생하게 되살아난다. 마치 시간을 되돌려 그 순간을 다시 경험하는 듯한 기분이 든다. 다른 사람과의 대화에서는 가끔 내 감정을 숨기거나, 다른 사람의 기분을 고려해야 하는 경우가 있다. 하지만 나에게 보내는 메시지는 언제나 솔직하다. 마음의 목소리가 더욱 또렷해진다.

앞으로도 계속해서 나에게 글을 보내면서 나 자신과의 소통을 이어가고 싶다. 나에게 보내는 톡은 나의 이야기를 담는 안전하고 특별한 공간이기 때문이다. 이 작은 습관은 나를 알아가는 가장 가까운 길이다. 그리고 내가 다독여야 할 감정을 만나는 데 큰 역할을 할 것이라고, 나는 그렇게 믿는다.

#유자 커피

 겨울에 많이 받는 선물은 단연 핸드크림과 유자차다. 핸드크림은 묽은 보디로션과 잘 섞어서 건조한 몸에 부지런히 바르면 남기지 않고 다 쓸 수 있다. 문제는 유자차다. 나는 유자청을 좋아해서 자주 먹을 수 있지만, 가족들은 건더기가 남는 차라서 먹기 귀찮아한다. 결국 1킬로짜리 병들이 내 차지가 되고 만다. 혼자 다 먹을 걸 생각하면 막막하기 짝이 없다. 그래서 여러 가지 방법을 시도하고 있다. 요리

드레싱으로 쓰기도 하고, 단맛을 내야 하는 무침에도 몇 번 곁들여 보였다.

그중에서 가장 만족도가 컸던 실험은 바로 커피와의 조합이었다. 겨울에 집에 있으면 블랙커피를 석 잔 이상 마시게 된다. 그렇게 쓴 커피를 계속 마시니 속이 쓰리기도 했다. 그때 쓴맛을 잡아줄 설탕 대신 유자청을 떠올렸다. 커피를 내리고 유자청을 두 숟가락 넣어서 마셨다. 커피의 쓴맛을 유자청의 단맛이 잡아주고, 유자의 신맛이 커피의 산미를 더해주었다. 이건 딱 내 취향이었다. 너무 달지도 쓰지도 않은 묘하게 균형 잡힌 맛. 건강한 커피 맛이랄까? 물론 세상에 건강한 커피란 건 없지만 말이다. 아주 만족하며 커피를 마셨다.

문득, 비타민과 커피가 만나면 어떤 반응이 일어날지 궁금해졌다. 검색해보니 커피는 비타민이 몸에 흡수되는 것을 막는다고 한다. 아쉬운 결과였다. 좋아하는 커피와 비타민을 함께 섭취하여 완벽한 커피를 만들었다고 생각했기 때문이었다. 며칠 동안 유자 커피를 마셨더니 몸이 개운해지고 컨디션도 좋아지는 게 느껴졌다. 하지만 둘은 안 어울리는 조합이라고 하니 더 아쉬웠다. 어쩌지? 유자차는 그냥 맛있게 소비하는 걸로 만족해야 할까. 정신 건강과 몸 건강 둘 다를 유자 커피가 도와주면 좋겠지만, 어쩔 수 없다.

비타민 흡수를 막아 카페인만 공급하는 유자 커피를 앞으로도 계속 마시기로 했다. 비타민도 필요하지만, 우울한 겨울에는 카페인이 나를 살게 하기 때문이다. 무엇보다, 유자 커피의 맛은 이 모든 이상한 이야기를 기꺼이 납득하게 만든다. 서로 어울릴 것 같지 않던 유자와 커피는,

어쩌면 다름으로써 나에게 큰 힘을 더해주고 있는지도 모른다.

\# 잠이라는 완전함의 방식

"내가 완전하니, 너희도 완전하라."
(마태복음 5:48)

이 말은 오랫동안 나를 눌렀다. '완전'이라는 단어는 '완벽'이라는 그림자로 다가왔고, 늘 흔들리고 실수하는 내가 그 앞에서, 자유로울 수는 없었다. 하나님은 사랑이라지만, 왜 나 같은 불완전한 존재에게 완벽을 바라실까. 사랑과 부담 사이에서 오래도록 질문이 맴돌

앉다.

그러다 어느 날, 나는 전혀 다른 결로 이 말씀을 바라보게 되었다.

그 전환은 뜻밖에도, '잠'이라는 존재 방식에서 비롯되었다. 신은 존재만으로도 스스로 충만하신 분이다. 시간의 제약을 받지 않고, 낮과 밤을 필요하지 않은 완전한 존재. 반면, 인간은 그렇게 설계되지 않았다. 하나님은 인간이 살 수 있도록 '시간'이라는 틀을 주셨고, 그 안에 낮과 밤을 흐르게 하셨다. 에덴동산조차 시간의 리듬 속에 존재했을 것이다. 완전한 동산에서 인간은 신처럼 살아가되 전혀 다른 방식으로 숨 쉬고 있었다. 신은 잠을 자지 않지만, 인간은 잠을 자야 했다. 그것은 연약함이 아니라, 신이 인간을 처음부터 그렇게 설계하셨기 때문이다. 시간 속에서 낮을 보내고, 밤이 되면 쉬고, 자고, 회복하도록.

그 깨달음은 나를 깊이 안심시켰다.

'나는 연약해서 자는 것이 아니라, 완전해지기 위해 잠든다.'

잠은 무력함이 아니라 회복의 시간이며, 신이 인간에게 주신 리듬이다. 인간은 이 리듬을 따라 살아가면서 다시 에너지를 얻고, 존재의 중심을 회복하고, 신을 조금씩 닮아가는 중이다. 그렇다면 '완전하라'는 말씀은 단지 도덕적 완벽이나 윤리적 요구를 넘어선다. 신이 설계하신 존재의 방식—그 안에서 '나답게' 살아가려는 모든 시도—그것 자체가 이미 완전함을 향한 길이다. 청렴하게 사는 것, 선한 행동을 하는 것도 그 길이겠지만, 나에게는 충분히 쉬고 자고 회복하는 삶도 신을 닮는 방식이다.

그리고 나는 문득 이런 생각도 하게 되었다. 지금 내가 잠을 자는 이 리듬 또한, 죽음 이후 신과 함께할 영원한 삶을 준비하는 과정은 아닐까. 그때는 육체를 벗고, 다시 신의 방식으로 돌아가는 순간일 것이다. 이 땅에서 잠으로 회복하고 살아가는 삶과 죽음 이후 맞게 될 삶은, 어쩌면 하나의 선 안에 있다. 방식의 차이일 뿐, 우리는 지금도 이후에도 신처럼 완전함 속을 지나가고 있는지 모른다.

오늘 밤 나는 잠들 준비를 하며 이렇게 믿는다. 잠들 수 있다는 것, 쉰다는 것, 회복된다는 것—그 모든 순간 속에 신의 설계가 있고, 나는 오늘도 그 안에서, 조금씩 완전해져 간다.

#꽃게와 열정

 가을 꽃게의 계절이 돌아왔다. 시장 한쪽, 톱밥이 가득 쌓인 사이사이에서 꽃게들이 분주히 움직이고 있다. 직원들은 살아 있는 꽃게를 집게로 들어 보이며 신선함을 강조한다. 조금은 징그럽지만 하얗고 담백한 꽃게살을 상상하면 집으로 데려올 때까지 견딜 수 있다.

 꽃게를 손질하고 물을 끓인다. 된장을 풀고 채소를 넣은 후, 드디어 꽃게를 넣는다. 끓는 물 속에 빠진 꽃게는 고운 붉은빛으로 물든다.

꽃게의 껍데기가 회색에서 붉게 변하는 과정은 매우 흥미롭다. 꽃게는 왜 열을 받으면 붉게 변할까? 검색해보니 꽃게 껍데기에는 적외선으로부터 몸을 지켜주는 '아스타잔틴'이라는 색소가 있다고 한다. 아스타잔틴은 붉은색을 띠는 색소이다. 이 색소는 껍질에 단백질과 결합한 형태로 존재한다. 평소에는 이 성분이 단백질과 결합해 초록빛이 도는 회색으로 보이지만, 열을 가하면 단백질과 분리되어 원래의 붉은색으로 돌아간다. 즉, 꽃게는 원래 붉은색을 갖고 있었다는 것이다.

꽃게에게 열이 가해지는 과정을 지켜보면서, 나는 그 모습이 마치 내가 열정을 불태우는 모습과 닮았다는 생각이 들었다. 꽃게는 열을 받으면 본래의 붉은색이 더욱 선명하게 드러나는데, 이는 뜨거운 열정이 내 안의 감춰진 본질을 더 또렷하게 드러내는 것 같았다.

열정은 단순히 격렬한 감정이나 에너지를 의미하는 것이 아니다. 그것은 내면에 있는 진정한 나를 발견하고 그 모습을 세상에 드러내는 과정이다. 꽃게가 열을 받으며 본래의 색으로 돌아가는 모습을 보면서 열정은 나를 바꾸는 힘이 아니라, 본래의 나에게로 되돌리는 길이라는 걸 깨달았다. 뜨겁게 끓일수록 본래의 빛을 되찾는 꽃게처럼 나도 그런 열정을 지향해야겠다고 배워간다.

#노란색이 고맙다

 봄꽃 중 가장 먼저 눈에 들어온 건 노란 개나리와 산수유였다. 그 뒤를 이어 흰색과 분홍색 꽃들이 차례로 피어나는데, 봄꽃들이 색깔에 따라 피는 순서가 있는지 궁금했다.
 AI에 물어보니 실제로 노란 꽃들이 가장 빨리 핀단다. 추위에 강하고 곤충에게 잘 보여 수분을 빠르게 할 수 있다는 장점 때문이다. 노란색은 태양광을 잘 반사해 따뜻한 공기를 만들어내는데, 개나리는 그런 방식으로, 봄의 시작을 연다. 봄이 아주 따뜻하고, 안정되면 흰색과 분홍색 꽃들이 차례로 피어난다. 그래서 노란색이 안전을 상징하는 색으로 많이 쓰이는 걸까? 따뜻하고 안전한 환경을 만든 후 다른 꽃들을 초대하는 모습이 인상적이다. 노란색은 봄을 알리는 것 외에도 다양한 역할을 한다. 아이들이 안전하게 길을 건널 수 있도록, 건널목 위에도 누워 있어야 한다. 또, 유치원 차량의 안전을 위해서도 노랗게 빛나야 하고, 사람들에게 에너지를 주는 바나나에도 달콤한 노란색이 들어가야 한다.

노란색의 성실함과 부지런함 속에서 문득 내 모습이 겹쳤다. 나 역시 늘 일찍 준비하고 사람들을 이끄는 재능을 갖고 있다. 하지만 때로는 빨리 지치고, 나와 같이 노력하지 않는 사람들을 보면 괜히 속상해지거나 서운했던 날도 있었다. 개나리는 해마다 자신이 피어나야 할 시간과 제 임무를 알고 묵묵히 수행할 뿐 불평하지 않는다. 개나리의 조용한 헌신을 보며 반성했다.

언제나 선두에서 따뜻하고 안전한 길을 열어주는 노란색이 고맙다. 우리는 모두, 저 노란 빛을 조용히 의지하며 살아가고 있다. 이번 봄은 노란색 덕분에 더욱 새롭게 느껴진다.

나는 일상에서 영감을 주웠다 — 71

#매일 쓰자

날마다 글을 쓰면 정말 돈이 생길까? 아니면 밥이 생길까?

돈이 생긴다. 블로그에 글을 올리면, 그날의 첫 포스팅에 100원이 적립된다. 2011년부터 2023년까지 그렇게 쌓여온 금액은 약 20만 원이 넘는다. 처음에 글을 쓰기 시작했을 때는 단순히 이 돈을 벌기 위해서 블로그를 하게 된 건 아니었다. 처음 블로그를 시작한 이유는, 육아의 기록 때문이었다. 아이를 키우면서 느낀 점이나 일상 속 소소한 이야기를 남기고 싶었고, 그러한 기록이 나에게 큰 의미가 있었다. 이후에는 아이들과 함께한 재활용 놀이 이야기로 이어졌다. 이 과정에서 나는 단순히 글을 쓰는 것을 넘어, 재활용의 중요성을 알리고 아이들과의 소중한 순간을 기록하는 데 집중하게 되었다.

이러한 글쓰기 경험은 나에게 직업을 갖게 해주는 동시에, 예술가로서의 경력을 쌓는 계기가 되었다. 처음에는 목적 없이 글쓰기를 시작했지만, 이제는 누군가에게 도움이 되는 글쓰기로 발전하게 된 것이다. 글쓰기를 통해 적은 금액이지만, 일상 속에서 쉽게 기부할 수 있다는 점도 매력적으로 다가왔다. 20만 원이 넘었을 때, 블로그 포털에서 안내해주는 여러 기부처를 통하여 기부에 참여하기도 했다. 비록 작은 보탬이더라도 그것이 누군가에게 큰 힘이 될 거라 확신했다. 나 역시 누군가의 응원으로 힘을 얻었기 때문이다.

어제는 그동안 쌓여 있던 금액을 모두 털어서 또 기부했다. 기부를 하면서 느낀 뿌듯함은 이루 말할 수 없었다. 기부를 하고 나면, 괜히 내가 기특해져서 나에게 맛있는 밥 한 끼를 사주고 싶어진다. 앞으로도 계속해서 글을 쓰고 그로 인해 더 많은 기부를 할 수 있기를 바란다. 글쓰기는 돈도 생기고, 밥도 생기고, 마음도 따뜻해지는 멋진 활동이다.

#의지를 통해 의지를 버리다

"내려놓으세요.
그만 내려놓아야죠.
사람의 힘으로는 되지 않습니다."

누군가가 그렇게 조언해준다.

나는,
내려놓고 싶었지만
스스로는 내려놓지 못했다.

그래서
의지를 갖고 책을 읽는다.
의지를 갖고 산책을 한다.
의지를 갖고 좋은 음식을 먹는다.

그렇게 몸과 마음이 정화된다.

그런데
의지를 갖고 했던 그 '좋은' 행동은
아이러니하게도
삶을 붙드는 나의 의지를
조용히 내려놓게 만든다.

나는,
의지를 통해,
의지를 버리는 법을 배우고 있다.

Part 2.
일상 속 균열과 불안, 예술로 다독이다

#싫증과 산만은 통합으로 안내해준다

 일반적으로 사람들은 내가 하는 작업이 정말 다양하다고 말한다. 예술 작품도 만들고, 그림책도 쓰고, 강의도 하기 때문이다. 나처럼 버려진 자원을 가지고 작업하는 업사이클링 작가들은 좋아하는 재료를 만나 그 특성을 잘 활용한 작품을 만든다. 예를 들어 버려진 자동차 타이어, 고장 난 자전거 바퀴, 헌 옷, 고철 등등 여러 가지 재료로 작품을 만들어 간다. 그래서 '아, 저 작가는 플라스틱으로 작업을 하는구나' 라든지 '이 작가는 자전거 바퀴로 조명을 만드는 작가야'라는 인식이 생긴다. 이처럼 대중이 이해할 수 있게끔, 나는 다양한 재료를 조합해 작업의 밀도를 높인다. 물론 한 가지 재료로만 작업할 수도 있다. 그러나 나는 여러 재료를 모아 작업을 해 나가며 다채로운 시선들 속에 모이는 작가의 의도를 직관적으로 파악할 수 있도록 만든다. 그러니 나는 스티로폼 쟁반, 박스, 마스크, CD 등 일상 속에서 버려지는 쓰레기들로 작품을 만든다.

그 이유는 철저히 나의 성향에서 비롯된 것이다. 나는 싫증을 잘 내고 호기심이 많은 데다가 부산스러운 편이다. 이러한 특성은 되려 작업을 가능하게 하는 원동력이 되었다. 싫증을 잘 내는 면은 여러 가지 재료를 연구할 수 있는 계기를 만들어준다. 한 가지 재료에 대한 호기심이 다 채워지면 이번에는 다음 재료를 찾아 나선다. 그렇게 찾아다니다 보면 머지않아 버려진 자원들이 꽤 모이곤 했다. 언제든지 작업을 하고 싶으면 할 수 있을 만큼의 재료가 쌓여 있는 셈이었다.

작품이 만들어지면 재료가 재탄생하는 것과 같이 각각의 의미가 생긴다. 관객들은 그 의미를 알고 싶어 한다. 이와 관련된 질문을 받으면 물론 자세하게 답변을 해드린다. 그렇지만 이것 역시 자꾸만 반복되다 보니, 싫증이 나기도 했다. 기존에 작품을 설명해드리는 방법 외에 다른 방법이 없을까 고민했다. 그때 그림책이라는 새로운 창작 도구를 만났다. 이야기를 이끌어가는 주인공이, 내가 말하고자 하는 생각을 대신 전해주는 경험은 매우 즐거웠다. 갤러리에 오기 힘들거나 그림책을 접하지 못하는 관객을 위해,

하고 싶은 이야기를 애니메이션으로 만들려는 계획도 갖고 있다.

또 다른 성향인 산만함은 오랫동안 한 작업을 할 수 없게 만든다. 작품 제작에 2시간, 그림책 작업에 1시간, 글쓰기에 2시간을 할애하면서 세 가지 작업을 거의 동시에 다루게 한다. 이 작업을 동시에 진행하면 각각의 특성이 서로에게 영향을 주어 더 큰 시너지가 생긴다. 하고 싶은 이야기를 하기 위해 쓰레기도 필요하고 그림책도 필요하다. 나는 여러 일을 하는 것 같지만, 실은 하나의 이야기를 하는 것이다. 단지 사용하는 도구가 다를 뿐이다.

#거절은 환대의 예고

 겨울을 지나, 봄이 찾아왔다. 따뜻해서 좋지만, 과연 올해는 어디서 일이 들어올까. 은근한 걱정도 따라온다. 아침마다 컴퓨터 앞에 앉으면 메일함부터 열어본다. 겨우내 새로운 전시를 위해 여러 곳에 포트폴리오를 보냈고, 그림책 투고도 열심히 했다. 메일함에는 그림책 투고에 대한 거절 메일 두 건과 전시공간 지원 공모에 당선되었다는 메일 한 건이 들어 있었다. 지난 10년 동안 공들였던 분야에선 여전히 환대를 받고 있지만, 초보 그림책 작가가 만든 원고는 출판사에서 거절당하고 있다.

  환경 미술 작가로 활동하면서 가장 많이 받은 경험은 단연 거절이었다. 좋은 공간이나 멋진 스태프들이 일하는 기관을 만나게 되면 꼭 함께하고 싶다는 마음이 솟아오른다. 집에 돌아와 포트폴리오를 정성껏 만들어 메일을 보내어 본다. 기다림 끝에 답이 오지만, 정작 내가 바라는 곳에서는 나를 원하지 않았다. 거절 메일을 받으면 힘이 빠진다. 다시 힘을 내기까지는 시간이 걸린다. 그러다가 신기하게도 내가 전혀 알지 못하는 곳에서 전시 제안 요청이 온다. 내가 메일을 보낸 곳에서는 비록 선택받지 못했지만, 그 메일은 돌고 돌아 다른 곳에 나를 알리고 있었다. 거절은 환대의 예고라고 여겨졌다. 계속 거절 받는 과정을 겪어야만 달콤한 환대를 맞이할 수 있다고 느꼈다.

올해 새롭게 전시할 공간을 답사하면서 그림책 원고에 대한 아이디어들을 구체적으로 떠올려 보려 한다. 전시를 통해 가장 큰 힘을 얻는 사람은 바로 나 자신이다. 그렇게 에너지를 채우고 그림책을 다시 다듬어 실패를 툭툭 털고서 아무렇지 않은 듯 투고해 볼 작정이다.

거절은 환대의 서사를 만든다.

#고백

 쫄깃한 식감의 간식을 좋아한다. 쫄깃한 간식은 입안에 달라붙지 않는 특성이 있다. 그렇지 않은 간식은 맛은 좋지만, 입안에 붙어 다시 먹기 어려워진다. 먹기 깔끔하고, 잘근잘근 씹으며 스트레스를 풀 수 있는 간식이 바로 젤리다. 젤리를 좋아하기 전에는 오랫동안 캐러멜을 즐겼는데, 과일 맛을 두루 즐길 수 있는 것들을 먹곤 했다. 때때로 배고플 때마다 밥처럼 먹기도 했다. 캐러멜은 씹는 맛과 녹을 때

느껴지는 과일 향이 좋았다. 그래도 잇몸 사이에 끼어 치과 선생님께 늘 야단을 맞곤 했다. 충치가 많이 생겼기 때문이다.

그러다 입안에 잘 끼지 않는 젤리를 알게 되었다. 젤리는 비타민이 포함된 영양제로도 출시되고 있었다. 간식을 먹으면서 영양도 보충할 수 있다니 완벽한 음식 아닌가. 말랑한 젤리를 씹을 때마다 마음도 그러하기를 소망한다. 그걸 씹노라면 호흡이 천천히 안정되어 가는 걸 느끼는 동시에, 어쩐지 힘이 솟는 것만 같은 기분이 든다. 그러면 이전의 말과 행동들이 자연스레 정리되곤 한다.

이로 인해 온종일 딱딱했던 마음들이 점차 유연해지면서 나를 가볍게 만든다. 어쩔 줄 모르고 그 자리에서 굳어버린, 경직된 나를 떠올려본다. 나를 급격히 변화시키는 상황들, 신중하게 결정되지 못한 종류의 상황들, 그런 것들 속에서 혼란스러워하는 나에게 자꾸만 다그치는 목소리가 퍼져간다. 사람들 앞에서 준비한 이야기를 할 때는 2~3분간 식은땀이 나고 모든 것들이 각자의 방향으로 어지러워지는, 그런 현상들이 발생한다. 몸과 마음이 딱딱해진다. 좋아하는 젤리를 씹는 상상을 하며 감정의 격류를 흘려보낸다. 곧 혼란이 지나가고 전달해야 할 내용을 천천히 말해나가는 자신을 발견하게 된다. 나를 무너뜨리려고 하는 그 모든 흐름에도 나는 따르지 않았다. 젤리를 씹으며 마음이 넉넉히 말랑말랑해지도록.

나를 집어삼키려는 상황 속에서도 나는 여전히 존재하고 있었다. 이토록 나는 젤리 같은 존재로 자신을 유연하게 만들어 가고 있다.

#레퍼런스는 독이다

최근 들어 주변에서 책 선물을 많이 받기도 하고, 좋아하는 작가들을 응원하려고 책을 사기도 한다. 이렇게 쌓여가는 책들을 보면서 나는 복잡한 감정을 느낀다. 냉장고에 식자재를 사놓고 썩히듯, 내 서재에도 책이 쌓이는 게 마음에 걸린다. 이런 상황에서 억지로 책을 읽으려 하다 보니 오히려 부담감이 커지는 느낌이다. 다행히 책은 썩지 않기 때문에 물리적으로는 안전하지만, 책을 '읽어 치우려는' 마음이 드는 건 왠지 부끄럽다.

    작가들에게 미안한 마음을 가지고 정성스럽게 읽으려 노력한다. 딴생각이 들면 커피를 내리거나, 일어나 소리 내어 읽는다. 나름 집중력을 위한 방법이지만, 여전히 완벽하지는 않다. 읽다가 감동적인 문장이 다가오면 그 문장을 가슴에 새기려 외우거나 따라 써보지는 않는다. 다만, 눈을 감고 그 문장을 가만히 떠올리며 흘려보낸다.

    레퍼런스는 마치 양가적인 존재처럼 다가온다. 한편으로는 성장을 돕고 새로운 관점을 열어주는 소중한 자원이며, 다른 한편으로는 내 창의성을 옭아매고 타인의 사고 안에 머물게 할 위험도 있다. 내가 읽은 것들이 나의 사고와 감성을 빚어내는 데 이바지할 수 있지만, 정작 자신의 고유한 목소리가 희미해질까 봐 불안하다. 이런 두려움은 특히 내가 존경하는 작가의 책을 읽을 때 더욱 깊어진다. 그들의 독창적인 아이디어와 표현 방식이 내게 깊은 인상을 남기기에, 나도 모르게 그들의 스타일을 흉내 낼까 두렵다. 그래서 나는 의식적으로 책을 천천히 읽으며, 각 문장을 천천히 음미하고 나만의 해석을 시도한다. 그런데도 마음속에 자리 잡은 불안감은 쉬이 가라앉지 않는다.

나는 이 두려움을 극복하고 진정한 나만의 목소리를 찾기 위해 끊임없이 책을 읽고, 사유하고, 글을 써 내려간다. 레퍼런스가 나를 구속하는 것이 아니라, 오히려 나를 더욱 깊이 이해하고 성장하게 하는 발판이 되기를 간절히 바란다. 그렇기에 오늘도 나는 책장을 넘기며, 그 안에서 나만의 길을 찾아간다. 나만의 독특한 레퍼런스를 써 내려갈 수 있기를 기대하며.

#짜증은 내가 아니다

내 상태를 제대로 모르고, 계속 짜증 난다는 말을 입에 달고 살았다.

슬퍼도 짜증 난다고 했다.
무서워도 짜증 난다고 했다.
화가 나도 짜증 난다고 했다.
걱정스럽고 불안해도 짜증 난다고 했다.

감정에 대해 아는 게 없으니, 뭔가 불편해

지면 괜스레 짜증 난다는 말로 뭉뚱그렸다.

지난날, 상담을 받던 날이 생각난다. 한 주간의 일상을 나누는데, 당장 어제의 일도 가물가물해 입을 떼는 것조차 어려웠다. 시간이 지나 상담에 차츰 적응하면서 일상의 한 장면을 이야기하자, 상담 선생님이 말씀하셨다.

"슬프셨겠네요. 참 고되셨을 것 같아요. 그런 날은 처참하죠. 얼마나 피곤하셨어요? 상처 준 상대가 참 원망스러우셨겠어요. 그건 짜증 난 게 아니라 속상한 거예요. 그날 많이 혼란스러우셨을 것 같네요."

그렇게 감정들을 짚어주셨다. 그러자 짜증이라는 단어 안에 가두었던 나의 촘촘한 감정들이 하나씩 일어났다. 그것들은 마치 내 안에서 내가 다가와 만나주길 기다렸던 것만 같았다. 짜증 난 건 진짜 '나'가 아니다. 슬프고 피곤하고 속상한 게 진짜 '나'다. 감정을 바로 보는 힘은 저절로 생겨나지 않는다. 매일같이 배워야 알 수 있다. 이 사실을 알고 나니 감정을 잘 알아주고 싶다. 바른 이름으로 불리게 된 이 감정들을 감각하는 내가 좋기 때문이다. 감정을 좀 더 섬세하게 대해주고 싶다.

감정을 통해, 나는 점차 나아지고 있다.

#동력은 내부의 힘이다

여러 사람을 만나고 오면 생각이 많아진다. 대부분은 나를 응원해 주는 사람들이고, 힘이 되는 말을 해준다. 그 자리에서 받은 에너지가 나를 움직이게 하기도 한다. 좋은 기운을 받을 때도 있지만, 어느 날은 생각이 엉켜 혼란에 빠지기도 한다. 그럴 때면 멍하니 앉아 있다가 마음을 청소하기 위해 집안일을 시작한다. 쌀을 씻어 밥을 짓고, 쌓인 빨래를 모아 세탁기를 돌린다. 밥솥과 세탁기는 버튼을 누르고 시간을 채우면 성실히 결과물을 만든다. 기특하다. 그렇지만 기계에 내용물을 채우고 버튼을 누른다고 해서 자동으로 밥과 깨끗한 빨래가 나오는 것은 아니다. 버튼을 누르기 전에 전원을 연결했는지 확인해야 하고, 기계가 돌아가려면 전기의 힘이 먼저 필요하다.

그렇다면 내 작업의 전기, 즉 '동력'은 무엇일까? 외부의 조언과 좋은 재료, 멋진 작업실일까? 물론 그것들은 모두 내가 갖고 싶은 동력이다. 그러나 외부에서 오는 동력이 잠시 나를 움직일 수 있지만, 곧 소진되기 마련이다. 언제 하고 싶어지는지, 길을 잃을 때는 어떻게 찾아가야 하는지를 생각해보았다. 지난 2012년의 내가 2024년의 나에게 영감을 준다. 어제의 내가 오늘의 나를 일으킨다. 내 안에서 활동했던 무수히 많은 내가 다시 나에게 열정을 심어주고 해야 할 이유를 알려준다. 당장 내가 뭘 해야 할지 모르는 바닥에 있을 때 늘 과거의 내가 나에게 큰 힘이 되어 주었다. 그럼 나는 세상에 처음 깨달은 사실처럼 받아들이며, 새로운 힘을 얻게 된다.

언제나 나로부터 시작되어야 한다. 그때는 아무것도 없는 여건이라도 충분한 결과물을 만들 수 있다.
명심하자. 동력은 내부의 힘이다.

나는 일상에서 영감을 주웠다

#반복의 매력 : 창작의 원동력

운전할 때 나는 아직도 차 간 간격을 깨우치지 못했다. 처음에는 시간이 지나면 자연스럽게 익혀질 줄 알았는데, 여전히 잘 모르겠다. 운전 외에도 반복되는 업무나 강의는 사회생활을 할 만큼은 익숙해졌지만, 지금까지도 어렵고 좀처럼 나아지지 않는다. 나는 왜 열심히 해도 실력이 늘지 않을까? 고민이 깊어져 갔다.

그러다 어제, 불현듯 깨달았다. 주어진 상

황에 익숙해지지 않는 성향이, 창작에는 가장 좋은 성향임을. 나에겐 매일 하는 운전조차 매번 새롭게 느껴진다. 어제 걸었던 산책길도 오늘은 새롭게 다가온다. 반복되는 일상에서는 새로움을 찾기가 어려울 수 있지만, 나는 애써 새로움을 찾지 않는다. 그저 모든 순간이 새롭게 다가온다. 이런 성향이 때로는 나를 힘들게 만들기도 한다. 반복적인 일들이 나에게 스트레스를 주거나 불안감을 느끼게 한다. 왜냐하면 익숙해지지 않은 것으로 인해, 늘 긴장한 상태로 그 상황을 맞이하기 때문이다.

그 긴장감 속에서 도리어 나는 창작의 원동력을 발견하게 된다. 날마다 똑같은 일상에서도 새로운 시선으로 바라보게 되면, 비로소 창작의 기회가 열린다. 반복은 창작에 필요한 소중한 자양분이 된다. 내가 익숙하지 않은 것에서 오는 불안감은 오히려 나를 더 깊이 생각하게 만들고, 창의력을 자극한다. 그래서 나는 반복되는 일이 늘지 않아 고민하면서도 한편으론 그 속에서 발견한 창작의 기회가 나에게 가장 큰 선물이 된다.

운전이 익숙해지지 않아도 괜찮다. 앞으로도 나는 새로움을 감각하는 나를 사랑하며, 반복되는 일상에서 끊임없이 새로움을 발견해 나갈 것이다. 그렇기에 오늘도 좋다, 아주 좋다, 라고 말할 수 있다.

#불안 신앙

　불안은 무섭고 두려운 감정이지만, 오히려 내가 그 불안을 신뢰하고 있음을 깨달았다. 무언가를 실행할 때마다 아이러니하게도 불안을 부른다. 불안에 떨면서도 어떻게 해결할 수 있을지 고민한다. 일을 망칠까 봐 불안해지고, 그 불안은 곧 긴장으로 이어진다. 긴장 속에서 빈틈없이 준비하려는 의지를 다지게 된다. 이 과정엔 여유나 작업 과정에서 느끼는 즐거움 같은 게 없다. 오히려 무사히 끝날 것이라는 안도감과 홀가분함을 기대하게 된다. 불안은 마치 나의 동반자처럼 느껴지며, 그 존재가 나를 지탱해주는 것처럼 보인다. 그러나 그 과정에서 나는 진정한 '나'를 잃어가고 있는 것은 아닐까, 하는 의문이 든다.

한편, 감사하게도 불안은 무사히 마치는 은혜를 준다. 다음에도 나를 선택해주길 바라는 마음으로, 불안은 신뢰를 이어가는 것 같다. 그런데 점점 더 무서워지는 것은 내가 사라져가고 있음에도 불구하고 불안에 의지하고 있다는 사실이다. 다만 불안은 감정일뿐 실재하지 않는 가짜인데, 나는 그에 속고 있다.

이제 불안과의 관계를 새롭게 정립할 시기가 된 것 같다. 불안을 더 이상 내 삶의 지배자로 두지 않아야 한다. 그 대신 나와 나란히 걸어가는 동반자로 받아들여야 한다. 불안은 단순히 나를 긴장하게 만드는 감정이 아니라, 도리어 내 목표를 향해 더욱 집중하고 나아가게 하는 경고등 같은 존재로 바라봐야 한다. 이렇게 관점을 바꾸면 불안은 더 이상 나를 압도하는 부정적인 감정이 아니라, 나의 성장과 발전을 촉진하는 소중한 조력자로 서게 될 것이다.

#감자 두부 김, 너희 아직 아니야

"점심 뭐 먹을래?"

"아무거나 상관없어, 너 좋은 거 먹자."

이렇게 나는 늘 상대방에게 잘 맞춰주는 편이다. 솔직히 말하자면 나는 날 것이나 비린 음식은 잘 먹지 않는다. 나는 음식에 관대하다고 생각했지만, 사실 은근히 가리는 게 많은 사람이었다. 그러면서도 사람들이 대부분 좋아하는 음식을 질투할 때가 많다. 예를 들면 김, 감자, 두부 같은 음식들이다. 전 국민이 사랑하는 이 음식들, '너네는 인기 많아서 좋겠다. 흥!' 이런 마음이 드는 건 왜일까? 음식에 대한 질투는 작업할 에너지가 고갈될 때 자주 일어나는 감정이다.

 내 작업도 김이나 감자, 두부처럼 자주 찾아주고, 많은 사람이 좋아해 줬으면 좋겠다는 바람이 있다. 이렇게 질투하면서도 내 취향을 들여다보면 대중적인 선택이 별로 없다는 사실을 깨닫게 된다. '그럼 나는 어떻게 지금까지 작업을 해왔지?'라는 질문이 자연스럽게 떠오른다. 나는 철저히 개인적인 취향이 반영된 작업을 해왔다. 그런 작업을 할 때면 마음이 편안해지면서, 창작의 욕구가 샘솟는다. 이렇게 계속 작업을 해왔을 때, 나를 지지해주고 찾아주는 소수의 선택이 나를 꾸준히 작업하는 사람으로 만들어주었다. 그들은 내 작업을 이해하고, 나의 예술 세계를 존중해 주었다. 그 소중한 지지 덕분에 나는 나만의 길을 걸어갈 수 있었다.

앞으로 두부, 감자, 김을 좋아하게 될지도 모르겠다. 그럴지라도 내겐 더 맛있는 음식이 있다는 것을 존중하고, 응원하고 싶다. 이것이 바로, 내 작업의 첫 번째 관객인 내가 나의 작업을 사랑하는 방식이다.

#나는 그런 사람이다

　남편이 시각장애 판정을 받았을 때, 세상이 무너지는 줄 알았다. 남편이 불쌍해서가 아니라, 오히려 내가 더 불쌍하다는 생각이 들어서였다. 그동안 살림과 육아로 힘들었던 나에게 이제는 돈까지 벌어야 한다는 부담이 느껴졌다. 곧 가장의 무게를 짊어져야 한다는 생각에 두려움이 밀려왔다. 남편이 겪고 있는 충격은 전혀 고려하지 않았다. 병원에서는 시야가 점점 좁아질 수 있으니, 매년 꼭 정기 검사를 받으라고 했다. 시야가 좁아지는 속도는 알 수 없지만, 운전은 위험하니 하지 않는 것이 좋다고 권고받았다. 그러나 남편은 늦게까지 일하고 운전해서 퇴근했다.

그러던 어느 날 큰 사고가 발생했다. 그 원인은 아이러니하게도 시야가 좁아져서가 아니라 졸음운전으로 인한 사고였다. 남편의 차는 버스정류장을 들이받고 폐차 수준이 되었다. 경찰서에서는 다친 사람이 아무도 없다는 게 기적이라며, 정말 운이 좋았다고 위로해주었다. 남편은 시야가 좁아질 것이라는 경고를 받았음에도 불구하고, 당장은 잘 보이기 때문에 예전처럼 살았다. 남들보다 더 많이 일하고 좋은 성과를 내기 위해 혈안이 되었던 남편은 생명을 담보로 살아가고 있었다. 사고 이후 남편은 운전을 중단하게 되었다. 운전을 할 수 있지만 필요할 때만 간신히 운전하던 나에게도 운전은 이제 오롯이 내 몫이 되었다. 이러한 고난은 우리 둘을 단련시켰다.

이후 남편은 4급 경증장애인 판정을 받고 일상생활을 잘해 나가고 있다. 언제 앞이 보이지 않을지도 모르는 불행과 장애인이지만, 여전히 직장에 나가 돈을 벌 수 있는 행운이 공존하는 삶을 살고 있다. 남편이 행정복지센터에서 장애인주차증을 발급해 왔다. 그동안은 주차할 곳이 없어 뱅뱅 돌면서 비어 있는 장애인 주차장이 부러웠던 게 사실이다. 이제는 남편이 동승 했을 때, 나도 장애인 주차장을 이용할 수 있게 되었다. 주차를 하면서 남편이 장애인 판정을 받던 날이 떠올랐다. 지극한 불행 속에서도 잠깐의 행운을 누리는 기분이었다. 남편과 동승 했을 때는 주차 걱정을 하지 않고 있는 나를 보며 사람의 간사함을 느꼈다.

그렇다. 나는 그런 사람이었다.

나는 일상에서 영감을 주웠다

#양이 적은 사람 1.

양이 적다. 나는 책을 읽다 보면 열 페이지쯤에서 졸음이 쏟아진다. 그래서 한 번에 읽는 양을 세 페이지로 줄이고, 대신 다른 책을 1페이지 또는 2페이지 읽기로 했다. 첫 번째 책을 읽다 지칠 때 다른 책을 읽으면 새로운 힘이 나곤 한다. 이처럼 다양한 책을 조금씩 읽는 방식이 나에게 맞는다. 이 방식은 창작에도 고스란히 이어진다. 예를 들어, 1번 작업을 하다가 지치면 그대로 두고, 이와 전혀 다른 2

번 작업으로 넘어간다. 2번 작업을 하다가 다시 지치면 3번 작업으로 진행하는 식이다. 여러 작업을 조금씩 만지며 진행하는 방식은 나에게 매우 효과적이다. 하나의 작업에 집중하다 보면 피로감이 쌓이기 마련인데, 이를 분산시키는 방법이 나에게는 가장 적합하다.

하나를 완전히 끝내고 다음으로 가는 방식은, 집중력의 양이 적은 나에게는 고역이다. 그렇게 하면 기간 내에 절대로 끝낼 수 없다. 여러 작업을 동시에 진행하는 것이 오히려 더 효율적이며, 끝내기 위해서는 다른 작업을 병행하면서 견디는 힘을 기르는 게 중요하다. 견딘다고 하지만 사실 이러한 방식은 내 작업 스타일을 유연하게 만들어 준다. 하나를 완벽하게 끝내진 못하지만, 어느 정도 작업이 진행된 결과물이 남게 된다. 이 방식이 나에게는 좋다. 덜 익은 여러 개의 작업이 도리어 나를 이끌어 준다. 꼭 작업이 완성되지 않아도, 다양한 가능성을 품고 있다는 것이 중요하다. 여러 가지를 동시에 진행하며 얻는 통찰력과 경험이 나를 더욱 유연하고 풍부하게 만들어준다.

나는 일상에서 영감을 주웠다

#양이 적은 사람 2.

 학창 시절을 떠올려 보면, 나는 참 성실한 학생이었다. 수업 시간에 졸지 않았기 때문이다. 그렇지만 문제는 내가 감당할 수 있는 수업량이 적다는 데 있었다. 1교시 영어와 2교시 과학 정도의 수업량이면 충분히 소화하고도 넘쳤다. 이렇듯 오전까지 흡수할 수 있는 양을 충분히 다 채울 수 있었다. 5교시 수학과 6교시 한국사가 진행될 때면, 점심시간이 지난 직후라 그런지 자꾸만 쉬고 싶거나 집에 가고 싶었다. 그때 나는 맑은 눈을 가진 광인처럼 딴생각에 빠지곤 했다.

내가 정보를 소화하기엔 용량이 부족한 사람이라는 사실을 어른이 된 후 깨닫고, 그제야 나를 돌보기 시작했다. 그 때문에 나는 많이 읽지 않고, 보지 않는다. 하루에 볼 분량을 조금씩 정해놓고 매일 읽는다. 왜 그렇게 많이 빨리 읽지 못할까, 라고 생각해보니 나는 읽은 내용을 오랫동안 곱씹는 스타일이었다. 세 페이지를 10분 동안 읽은 후에는 30분 넘게 그 내용을 곱씹는다. 읽은 내용을 온전히 소화하는 시간을 확보해야 다음으로 넘어갈 수 있었다. 여행을 갔을 때도 하루에 돌아다닐 관광지를 2개 이상 잡지 않는다. 오전에 하나 보고 점심 먹고, 오후엔 또 하나 보고. 저녁 먹은 후, 숙소에 들어가 오늘 본 경치에 대해 묵상한다.

나는 많이 먹지 않는다. 물론 좋아하는 음식은 과식할 때도 있다. 어렸을 때부터 음식을 먹고 나면 포만감에 행복한 적이 별로 없었다. 늘 더부룩해서 등을 두드리거나 물을 마셨다. 이런 몸 상태를 가지고 있어서인지 먹는 것에 대한 기쁨이 없었다. 40세 이후부터 저녁을 적게 먹거나 아예 먹지 않는 습관을 들였다. 그때부터였을까? 음식을 소화에 드는 시간을 줄이고 때론 비워주니까 몸이 편하게 느껴졌다. 자기 전에 배고픔은 있어도, 배불러 괴로운 것보다는 나았다. 소화에 필요한 에너지를 줄여주니 한결 몸이 가벼워지고, 몸이 가벼우니 정신적으로도 맑아졌다.

같은 이유로, 나는 많이 말하지 않는다. 이미 말하는 직업을 가지고 있기 때문이다. 약속된 시간에 필요한 양의 말을 쏟아내야 하니, 이

전까지는 될수록 말을 아낀다. 말을 할수록 에너지가 충전되는 사람이 있지만, 나는 말을 하면 할수록 에너지가 소모되는 사람이다. 사랑하는 일을 잘하고 오래 하기 위해 많이 말하지 않는다.

양이 적은 사람이라는 사실을 받아들이고 나니, 오히려 살아있는 감각을 더 잘 느낄 수 있고 숨도 한결 깊어진다. 많은 것에 압도당하거나 지치지 않고, 꼭 필요한 것만을 선택하며 살아가는 삶. 그것이 나의 가장 큰 안락이다.

#젊으니까 때도 많다

　오랜만에 엄마와 목욕탕에 갔다. 따뜻한 물에 몸을 담근 뒤 엄마가 내 등을 밀어주시는 순간, 너무 많은 때가 밀려 나오는 것 같았다. 힘드실까 봐 대충 밀어달라고 했더니 엄마는 웃으며, "너는 젊으니까 때도 많이 나오는 거야. 나이 들면 때도 안 나와"라고 하셨다. 그러자 젊음이란, 어쩌면 불필요한 것들을 쌓아두는 시기일지도 모른다는 생각이 들었다.

　등을 밀어주시는 엄마의 손길 속에서 문

득 성경의 전도서 말씀이 떠올랐다. 전도서에서는 "돌을 던져 버릴 때가 있고, 돌을 거둘 때가 있으며, 사람을 껴안을 때가 있고, 껴안는 일을 멀리할 때가 있다(전도서 3장 5절, 새번역)"라고 했다. 이처럼 삶의 여러 순간 속에서 우리는 어떤 것을 버리고, 어떤 것을 움켜잡아야 하는지를 고민하게 된다. 그때를 어떻게 알 수 있을까? 신이 내 등을 밀어주시며, "승희야, 지금은 버릴 때구나. 승희야, 지금은 움켜쥐어야 할 때야. 승희야, 지금은 그 사람에게 다가갈 때야. 승희야, 지금은 그 일과 거리를 둬야 할 때구나" 이렇게 알려주시면 좋겠다.

엄마의 손길이 내 등을 부드럽게 밀어줄 때마다, 나는 그동안 쌓아온 고민과 걱정들이 서서히 녹아내리는 듯한 기분을 느꼈다. 때가 많이 나온다는 건 단순히 젊음의 상징이 아니라,

그만큼 풍부한 경험과 깊은 감정을 담아온 흔적이기도 하다. 이러한 경험들은 결국 나를 더욱 단단하게 성장시키고, 앞으로 더 현명한 선택을 가능하게 하는 귀한 토대가 된다. 이제는 내가 어떤 것을 버리고, 어떤 것을 움켜잡아야 할지를 스스로 결정해야 할 때가 왔다. 삶의 여러 순간에서 때로는 사람과의 관계를 깊게 하고, 때로는 거리를 두는 것이 필요하다. 그 선택이 나에게 어떤 영향을 미칠지를 고민하며, 나는 앞으로 나아가야 한다.

#시간 선물

15년 전쯤 나는 우울증 진단을 받았다. 그때의 나는 삶을 부정하고 있었다. 그저 내일이 사라졌으면 좋겠다고 생각했다. 날마다 일상을 견뎌내는 것이 버거웠다. 그러다 병원을 찾았다. 진료 시간에는 주로 내가 이야기를 하는 편이었다. 반면 의사 선생님은 내 얘기를 말없이 들어주셨다. 그날도 나는 내 깊은 감정과 생각을 쏟아내고 있었다. 그러던 중 선생님께서 질문을 던지셨다.

"가장 두려운 게 뭔가요?"

나는 잠시 머뭇거리다가 이렇게 대답했다.

"앞으로도 계속될 '시간'입니다. 시간은 끝이 없고 계속되잖아요."

순간적으로 입으로 내뱉은 말이었지만, 나는 시간이 재앙처럼 달려오는 모습이 느껴져 소름이 오소소 돋았다. 이 어두운 시간이 끝나지 않고 계속된다는 사실이 두려워지면서 가슴이 턱, 하고 막혀왔다. 정신이 아득해졌다.

그로부터 많은 시간이 흘렀다. 나는 다양한 사건과 상황들 속에서 차츰 우울로부터 빠져나올 수 있게 되었다. 지금은 한때 재앙이라고 여겼던 시간이, 신이 인간에게 준 가장 큰 선물이라는 것을 알게 되었다. 어제의 실수와 실패는 오늘의 나를 만드는 데 영향을 미친다. 그렇다면 내일이라는 건 오늘의 내가 살아내는 시간의 선물을 통해, 다시 한번 힘을 낼 수 있는 용기가 될 것이다. 시간 선물은 단 한 번도 사용되지 않은 새 선물로 도착한다. 매일 아침 우리는 깨끗한 시간을 받는다. 나는 이 시간을 어떻게 활용하고 있는가? 나는 맑은 시간을 기꺼이 맞이하고 있는가? 새롭게 주어진 시간 속에서 나는 정화되고, 새로워지고 있는가?

시간이 재앙이 되지 않으려면 시간 선물을 잘 써야 한다.

#소화 안 되는 사람들의 모임
편식해야 생존한다

우리는 종종 건강한 식습관에 대해 이야기하며, 골고루 음식을 먹고 편식하지 말라는 조언을 흔히 듣는다. 그러나 소화가 잘 안 되거나 위가 좋지 않은 사람들에게는, 이런 조언이 항상 옳지만은 않을 수 있다. 소화에 부담이 가는 음식을 피하고, 자신에게 맞는 소화 잘되는 음식을 선택하는 것이 오히려 건강을 지키는 길이 될 수 있다.

그래서 소화가 잘 안되는 사람들을 위한 모

임을 제안한다. 콩을 먹었을 때 소화가 안 되는 사람, 밀가루를 먹었을 때 불편함을 느끼는 사람, 고기나 생선을 섭취했을 때 위장에 부담을 느끼는 사람, 우유를 마셨을 때 소화가 잘되지 않는 사람, 찬 음료를 마셨을 때 불편함을 겪는 사람들, 모두 모여라. 우리는 각자의 경험을 나누고, 소화가 잘되는 음식을 가지고 와서 기분 좋은 만찬을 즐길 것이다.

이 모임은 단순히 식사 자리가 아니다. 예민한 사람으로 살아가는 자신을 받아들이고 서로를 격려하는 자리다. 예민한 장기를 가지고 살아가는 것은 분명 힘든 일이다. 우리는 그 속에서도 하고 싶은 것이 많은 열정적인 사람들이기 때문에, 스스로 음식을 조절하며 건강하게 살아가는 지혜로운 사람들이다. 이 모임에서 우리는 서로의 이야기를 나누고, 각자의 소화 잘되는 음식을 공유하며, 편식이 우리 자신을 지켜주는 선택인 것을 존중받게 될 것이다.

괜찮다. 하고 싶은 것을 하라. 가능한 음식만 먹어도 욕망은 충분히 채워질 것이다.

편식하라.

Part 3.
관계 속에서 배우고 성장하며 발견하는 영감

**#기다리고 고대하던 순간은
언제나 고요하고
평범하게 지나간다
#그래서 지속적으로
의식하고 있어야 한다**

　큰 딸아이가 두 달째 생리를 하지 않는다고 이야기했다. 나는 깜짝 놀랐다. 생리를 하지 않은 지 몇 달이나 되었는데도 왜 이제야 얘기했을까? 아이는 언젠가는 생리를 다시 하겠지, 그렇게 생각했다고 한다. 쉽게 이해되지 않았다. 완경이 가까운 나는 생리 주기가 정확했기 때문이다. 생리불순은 말로만 들었지, 우리 아이가 겪을 줄은 몰랐다. 이번 달까지 기다려보고 생리가 시작되지 않으면 병원에 가보기로 했다. 생리를 하지 않은 지 두 달이 지난 시점이었다. 딸은 그렇게까지 스트레스를 받지 않는 것 같았지만, 나는 마음이 조마조마했다. 아침마다 화장실에서 나오는 딸을 보며 신경 쓰지 않는 척하면서도 하루하루 소식을 기다렸다.

거의 한 달이 지나고 4개월에 들어가려는 마지막 주였다. "아무래도 병원 예약을 해야겠지?" 딸에게 물었다. 그제야 큰아이도 "엄마, 왜 이렇게 안 하지?" 걱정했다. 우리 둘이 애가 타고 있는 마지막 날 아침, 화장실에서 "생리를 시작했어요!"라는 큰애의 기쁜 목소리가 들렸다. 평소 같았으면 생리를 시작할 때 한숨부터 나오는 법이다. 괜히 예민하고 찝찝하고 몸도 아프니까. 그렇더라도 오늘은 생리 때문에 딸과 함께 기쁜 아침을 맞이했다.

이는 날마다 기다리고 고대하던 순간이 아닌가? 그러나 신기하게도 우리의 소망이 이루어졌다고 해서 모든 것이 변하는 것은 아니었다. 바람이 부드럽게 불고, 햇볕이 우리에게만 비춰주는 것은 아니듯이. 여느 보통의 날과 똑같았다. 그래도 우리는 안다. 이 순간이 얼마나 고대하던 선물이며 축복인지. 그러니 이 순간을 꼭 간직하려 했다. 우리 둘은 서로 미소 지으며 손을 잡고 행복해했다. 기다렸던 생리가 시작되었지만, 일단 병원에 가보기로 했다. 한 달에 한 번 만나기로 했던 생리가 자꾸 지연되는 건 몸의 안 좋은 신호이기 때문이다. 생리가 시작되지 않아도 병원에서 치료받을 수 있는 일이다. 그렇지만 우리는 일단 기다려보기로 했고, 이 순간을 잘 참아내며 기다렸다. 고대하던 순간은 언제나 평범하고 조용하게 스쳐 지나가지만, 우리는 그걸 잘 간직하며 행복을 소유하는 방법을 배웠다.

　기다림은 평범하지만, 종종 우리의 소망이 되곤 한다. 이 속에서 우리는 일상의 평화를 꿈꾼다. 이로 인해 기다림을 기쁘게 맞이한다.

　기다림은 곧 행복이다.

#공감은 원래 어려운 거였다

공감(共感) : (명사) 남의 감정, 의견, 주장 따위에 대하여 자기도 그렇다고 느낌. 또는 그렇게 느끼는 기분.

일주일에 한 번씩 서예를 배우러 간다. 오늘은 자음 'ㄱ'을 쓰는 날이다. 벼루에 먹을 갈고, 붓에 먹물을 스민다. 호흡을 가다듬고 천천히 글씨를 쓴다. 쓰면서 ㄱ이 들어간 단어를 생각해보았다.

처음 ㄱ을 쓰기 전에, 선생님께서 자음 ㄱ에 대해 설명해 주시며 그 글자에 감정과 관련된 말이 많다고 하셨다. 예를 들면 기쁨, 격정, 감사, 고마움, 공감, 기억, 그래그래, 그럴 수 있어, 그렇고 말고 등. 이렇듯 좋은 말들이 많다. 아이러니하게도 좋은 말이 많은 ㄱ은 발음할 때, 구강 통로가 좁아지거나 완전히 막혀서 발음하기 힘든 글자이다. 직접 '기역' 소리를 내보면 편하고 쉽게 내는 소리가 아니라는 걸 알 수 있다.

　ㄱ이 들어가는 단어 중 내가 가장 어려워하는 '공감'을 떠올려 보았다. 공감은 ㄱ이 두 번 들어가 있었다. 이와 같이 공감을 말하려면 어려운 발음을 두 번 해야 했다. 공감을 써보니 타인에게 공감해주기가 왜 그토록 어려웠는지 깨달았다. "그럴 수 있어"라고 말하기까지 ㄱ

발음은 유독 어려웠다. 그 대신 휴대전화 메시지나 SNS상에서는 공감을 잘해준 것 같다. 그런 공감은 따로 시간을 들이지 않아도 된다. 서로 눈을 맞추고 상대의 이야기에 경청하지 않아도 되고, 게다가 크게 위로하지 않아도 괜찮다. 그 모든 의미는 좋아요, 아니면 하트 하나에 다 담기기도 하니까.

글자 ㄱ을 써보면서 그 의미를 곱씹으며 나도 진심으로 공감하고 싶다는 욕망이 생겼다. 타인에게 시간을 내어주고, 이야기를 들어주며, 공감해주는 시간은 나에게도 꼭 필요한 시간임이 틀림없다. "나도 그랬어"라고 이야기해주면서 나 자신에게도 괜찮다,라고 말하는 시간이기 때문이다. 내가 아닌 다른 사람들은 공감을 쉽게 해주는 것 같았지만, 사실은 공감이란 게 원래 어려운 일이었다는 걸, 이제야 새삼 느끼게 되었다. 공감은 나만 어려운 것이 아니었다. 괜찮아, 고마워, 그럴 수 있어. 모두가 발음도, 마음도 어려운 말이다. 그렇더라도 자주 발음해보고 말해보고 싶다. 그러다 보면, 어느새 말하기 쉬워지고 발음도 자연스러워질 것이다. 때마다 ㄱ이 들어간 단어를 곧잘 사용해야겠다.

#꽃보다 사람

　코로나19 팬데믹이 시작된 무렵부터였던 것 같다. 아니, 정확히는 세월호 참사 이후부터였다. 그 시기 이후, 봄에 피어나는 꽃들과 연둣빛의 새싹들이 내게 더 이상 감흥을 주지 못했다. 왜 이렇게 건조해졌을까? 아름다움을 느끼고 누릴 여유조차 없을 만큼 내 마음이 손상되었나? 자연의 경이로움이 내 눈앞에 펼쳐져 있음에도 불구하고, 나는 그저 무심히 지나쳤다.

어제 오랜만에 친구들을 만나 자연 속에서 시간을 보냈다. 함께하는 동안 자연의 경이로움에 감탄하는 친구들의 얼굴을 보며, 나는 자리에 멈춰 섰다. 그들이 꽃을 촬영하고 푸른 잎을 담는 모습을 지켜보면서 순간 그들의 행복한 표정에 시선이 머물렀다. 행복해하는 친구들을 카메라에 담으며, 나는 자연 너머의 또 다른 아름다움을 발견했다. 그들의 웃음소리와 서로를 향한 따뜻한 시선은 메말라 있던 내 마음을 소생시켰다. 사람이 살아 있다는 것 자체의 아름다움을 느꼈다. 자연이 주는 경이로움은 물론 소중하지만, 그 속에서 서로를 사랑하고 지지하는 사람들의 모습은 그 어떤 꽃들보다도 빛났다.

나는 찬란한 봄 너머에 있는 사람들을 보았다.

#항상 별일이 있지만 별 일이 없다

　일이 없는 날이면 국립민속박물관으로 전시를 보러 간다. 전시 기획이 참신하고 배울 점도 많기 때문이다. 이번 전시는 아버지에 관한 전시였다. 어린 시절 아버지의 모습부터 노년의 아버지까지, 다양한 모습을 만날 수 있었다. 전시를 보고 나니 우리 아버지가 생각났다. 곧바로 전화했다. 웬일인지 전화를 안 받으신다. 5분 후에 전화가 왔다. 온종일 집에만 계시니 너무 답답해서 엄마랑 백화점에 있는 롯데리아로 햄버거를 드시러 가신다고 하셨다. 두 분이 병원 외에는 딱히 외출할 일이 없으니, 괜히 롯데리아가 고맙게 느껴졌다. 거기서 에어컨 바람도 쐬시고 한국인 입맛에 맞는 햄버거 하나씩 드시면, 그걸로 오후가 훌쩍 지나간다.

아버지가 말씀하신다.

"별일 없제?"
"네 아버지, 별일 없어요. 우리는 잘 지내요."
"그래, 너희만 잘 있으면 된다."
"아버지, 별일 없으시죠?"
"그럼, 무슨 별일이 있겠노?"

그러다 햄버거가 나왔다며 전화를 얼른 끊으신다.

우리는 안다. 언제나 별일 있지만, '별일 없다'라는 안부가 가장 따뜻하다는 걸.

아버지도, 엄마도 늘 별일 없이 건강하셨으면 좋겠다.

#딜레마를 사랑하는 자

오랜만에 예술 친구들을 만났다. 연주자, 작가, 시인, 그리고 나, 이렇게 넷이다. 만나면 서로의 이야기가 끊이지 않는다. 네 명이 동시에 이야기할 때는 참 곤란하다. 정신이 하나도 없다. 그 혼란 속에서도 대화는 재미있고 진솔해진다. 그 이유는 우리가 나누는 주제가 예술, 문화, 기획 등과 관련이 있기 때문이다. 손에 잡히지 않는 예술이 무엇이길래, 우리는 왜 그토록 갈망할까?

비록 예술은 눈에 보이지 않지만, 그 존재만큼은 분명 우리 삶에서 중요한 자리를 차지하고 있다. 놓고 싶지만 놓지 못하고, 잡고 싶지만 잡지 못하는 딜레마를 바로 예술이 품고 있다. 이러지도 못하고 저러지도 못할 때 우리는 악기를 든다. 음악을 통해 감정을 표현하고 갈등의 회오리 속에서 쏟아지는 문장을 받아 적는다.

딜레마는 우리에게 영감을 주고 우리는 각자의 예술 도구로 그 딜레마에 화답한다. 친구들은 그 이야기를 흥분하며 나눈다. 눈빛은 반짝이고 목소리는 높아진다. 딜레마는 길을 잃게 하는 듯하지만, 실은 사람들에게로 닿는 길이나 다름없다. 이런 이유로 우리는 딜레마를 사랑하고 있다. 그 사랑이 서로의 예술을 더욱 깊고, 풍부하게 만들어준다. 돌아오는 내내 사랑으로 충만해졌다. 충만한 대화는 잘 차려진 식탁과 같다. 만남이 끝나고 집에 들어와 가족들을 위한 저녁을 준비하는데, 굉장히 힘이 났다. 그만큼 이미 세 끼를 충분히 먹은 것이다.

갈망은 만남을 낳았고, 만남은 대화를 낳았으며, 대화는 영혼의 배부름을 가져왔다.
이제 나는 예술을 시작할 수 있다.

나는 일상에서 영감을 주웠다

#흔한 기적
#아직 이혼 안 했어?

　가정을 이루면 행복한 일도 많지만 대부분 부부 관계나 자녀 관계에서 힘들어한다. 심한 경우 며칠 안에 이혼할 것처럼 위태로워 보일 때도 있다. 당연히 나도 몇 번의 이혼 위기가 있었다. 우리 아이들이 유치원과 초등학교에 다닐 때, 두 번의 위기가 있었다. 돌이켜보면 그 시절이 가장 행복한 시간이었는데, 오히려 나는 이혼을 꿈꿨다. 준비 없이 부모가 되고 무지한 상태로, 계속해서 부모로 살아가는 게 나에겐 버거웠던 것 같다. 어쩌면 남편에게도 그랬을지 모르겠다. 그러면서도 좋은 부모로 살아가길 바랐다. 그러니 불가능한 것을 자신에게 요구하는 딜레마에 빠졌다. 물론 딜레마의 터널을 지나면서 답을 알아낸 것은 아니었다. 그저 서로를 포기하지 않는 마음으로, 그렇게 다독이며 여기까지 살아왔다.

이후 주변을 둘러보았다. 누가 먼저 이혼하는지 지켜보던 다른 가정들은 마치 언제 그런 일이 있었냐는 듯 다시 일어나고 행복하게 살아가는 모습을 보이고 있었다. 그들도, 우리도 특별한 걸 하진 않았다. 다들 그저 삶을 살아냈을 뿐이다. 기적이 일어난 시간이었다. 기적이 흔해서 다행이다. 회복된 가정을 통해 나의 가정도 영향을 받고, 그 기적도 나눴다.

기적은 늘, 우리 곁에 있다.

#가족 우정 쌓기

　조건 없는 사랑은 신에게서 받은 경험이었다. 아무것도 하지 않아도 마음이 가득 채워지는 느낌이었다. 그런 사랑을 받아봤으니, 나 역시 상대방을 존재 자체로 사랑할 수 있으리라 믿었다. 하지만 곧, 나는 그 높은 단계에 도달할 역량이 부족하다는 걸 깨달았다. 내가 원하는 조건이 충족되었을 때만 상대를 좋아하고 사랑하는 이기적인 인간이라는 사실을 알게 되었기 때문이다. 그렇다고 사랑을 포기할 수는 없었다. 어떻게 해야 할까? 대신 우정의 단계를 생각해보았다. 친구 간의 우정은 서로를 좋아하고 응원하는 관계이다. 서로 잘되기를 빌어준다. 가족 관계에도 우정의 단계를 적용하고 싶다.

딸이 아빠를 응원하고
아들이 엄마를 응원하고,
엄마가 남편을 응원하고,
남편이 가족을 응원한다.

응원하는 마음은 나이와 상관없이 동등하다.
응원하는 마음은 곱고, 친절하다.

사랑하기 위해, 우리는 우정을 쌓는다.

#물, S인들이 나를 살린다

지인이 MBTI 인지 기능 중 감각(S)과 직관(N)의 차이에 대해 흥미로운 이야기를 해주었다. 정보를 받아들이는 방식에서 S는 구체적이고 현실적인 정보를 선호하는 반면, N은 직관과 통찰력을 바탕으로 미래를 지향하는 정보를 선호한다고 한다.

특히 머리를 감거나 혼자 샤워를 할 때처럼

일상적인 행동에서도 이러한 차이가 뚜렷하게 드러난다고 했다. 물론 논리적으로 증명된 내용은 아니다. 지인의 말에 따르면 S들은 머리를 감거나 샤워를 하는 동안 다른 생각을 거의 하지 않는다고 한다.

  N인 나는 이 말을 듣고 큰 충격을 받았다. 머리를 감으면서 어떻게 아무 생각도 하지 않을 수 있지? 샤워 중에 고민하던 문제들이 떠오르지 않을 수 있다는 말인가? S들은 머리를 감으면서 '샴푸를 하고 린스를 할까? 물이 너무 뜨거우니 온도를 낮춰야겠다'와 같이 지금, 이 순간의 감각과 행동에 집중한다는 것이다. 세수하는 짧은 순간에도, 이를 닦는 찰나에도 복잡한 생각을 하는 나에게는 정말 놀라운 이야기였다. 사실 나는 혼자 샤워를 하면서 물줄기를 맞을 때 많은 아이디어를 얻곤 한다. 도

저히 생각이 막힐 때는 일부러 물을 만지며 멍하니 있는 어리석은 행동까지 하기도 할 정도다.

  가끔 S들이 부러울 때도 있다. 우리 집엔 나를 제외한 가족 세 명 모두 S다. 그래서인지 삶에 대해 큰 걱정이 없어 보이고 판단도 비교적 빠르다. 그래서 내가 그들에게 많이 의지하고 있는 걸까? 어쨌든 나는 물과 S들의 현실적인 면모를 의지하며, 나의 직관적 특성(N)을 더욱 발전시켜 똑똑한 N으로 살아가고 싶다.

#시간이 해결해주지 않았다

엄마가 급성 우울증과 망상으로 인해 밤에 실려 갔던 그날이 떠오른다. 그날은 내 인생에서 가장 힘든 날 중 하나였다. 몇 달째 식사를 거른 채 뼈만 앙상하게 남은 노인이, 대체 어디서 힘이 나는지, 차에 태울 때도, 병원에 도착해서도 괴물처럼 보였다. 응급실 간호사가 나에게 보호자 서명을 요청했을 때, 나는 멍하니 서 있을 수밖에 없었다. 병원 관계자들이 반항하는 엄마를 침대에 묶는 모습을 보며, 나는 그 자리에 주저앉았다. 악몽을 꾸는 것처럼 현실이 믿기지 않았다. 이후 그날의 기억은 한동안 떠오르지 않았다. 기억하고 싶지 않은 장면을 무의식의 저편으로 밀어냈다. 행복한 순간을 맞이하려 할 때마다 그날의 기억이 자꾸만 발목을 잡았다.

"넌 행복할 수 없는 사람이잖아. 엄마가 저렇게 아픈데 어떻게 웃을 수 있어?"

라는 자아의 어두운 목소리가 계속해서 나를 갉아먹고 있었다. 마음속 깊은 곳에서는 엄마의 아픔이 나의 행복을 가로막고 있다는 사실을 알고 있었다. 나는 그 아픔을 외면하고 싶었지만, 외면할수록 그것은 더 깊이 스며들어만 갔다.

그런데 어제, 드라마 〈정신병동에도 아침이 와요〉를 보았다. 드라마 속 인물들의 이야기는 나에게 큰 위로가 되었다. 그들은 각자의 아픔을 안고 살아가면서도 서로를 지지하고, 사랑하며, 희망을 찾으려는 모습을 보여주었다. 그들의 이야기를 보면서 마침내 그 늪 같은 기억에서 빠져나와, 지난 아픔을 가만히 바라보는 나를 발견했다.

드라마를 보며 나는 내내 깨달았다. 아픔이란 건 시간이 자연스럽게 해결해주는 것이 아니라, 많은 사람의 깊은 사랑과 위로로 인해 치유될 수 있다는 사실을. 또한 그들의 따뜻한 마음이 내가 살아가야 할 의미를 찾을 수 있도록 용기를 더해주는 것임을. 시간이 흐른다고 해서 그것이 저절로 해결되진 않는다. 무엇으로 시간을 채우느냐가 훨씬 더 중요하다.

#부자인증

부자의 기준에 대해 질문을 받았을 때, "당신은 부자인가요?"라는 질문이 떠오른다. 그 대답은 상황이나 기분에 따라 달라질 수 있다. 오늘은 유난히 부자가 된 것 같은 날이다. 아침에 카페에 들러 궁금했던 시그니처 음료를 시켜보았다. 그 음료와 함께 아메리카노도 주문했다. 두 사람이 세 가지 음료를 주문하니, 서로 궁금했던 맛을 나누며 즐길 수 있었다. 새로운 맛을 경험하고, 익숙한 맛을 함께 나누는 이 순간이 참 행복했다. 이런 작은 사치가 부자가 된 듯한 기분을 안겨주었다. 점심엔 순대국밥 집에 들러 맛있게 국밥을 먹었다. 그곳에서 친구에게 3인분을 싸주고, 나도 3인분을 포장해 왔다. 평소에는 손에 뭔가 들고 다니는 걸 귀찮아하지만, 친구의 아이들과 내 아이가 맛있게 먹는 모습을 상상하니 마음마 따뜻해졌다. 이렇게 음식을 나누고, 추가로 주문할 수 있는 여유도, 부자가 되는 기분을 느끼게 해주었다.

부자가 되니 참 좋다. 오늘의 작은 사치와 나눔이 내 마음을 풍요롭게 해주었고, 이러한 경험들이 쌓여 진정한 부자가 되는 길이 아닐까 싶다. 앞으로도 이런 순간들을 소중히 여기며, 부자의 기준을 다시 한번 생각해보게 된다.

#고3 엄마

다음 주에 큰아이 대학 수시 접수가 있다. 고3 엄마로서 룰루랄라 지냈던 시간이 지나고, 중요한 결정의 시기가 다가오니 이제야 정신이 번쩍 든다. 그동안의 시간이 마치 꿈처럼 흘러갔고, 이제는 현실을 직시해야 할 때가 왔다. 그렇다고 해서 앞으로 내가 큰아이에게 해 줄 수 있는 것이 별로 많지 않다. 그 사실이 괜히 마음을 무겁게 한다. 아이들이 어렸을 때만 해도 고등학교 자녀를 키우는 엄마들이 대단해 보였다. 교육 매니저 역할을 훌륭히 해내며, 자녀의 미래를 위해 최선을 다하는 모습이 인상적이었다. 나도 저렇게 잘 키워야지, 다짐했던 기억이 난다. 시간이 흘러 내 차례가 되고 보니 막상 그전과 크게 달라지지 않았다. 나는 여전히 일에 파묻혀 살고 있고 아이들은 건강하게 자라났다. 그래도 입시를 앞두고 어느 누가 태연할 수 있을까? 모든 결정을 큰아이에게 맡기고, 나는 기도하고 밥을 차려주는 역할을 감당하기로 했다. 그게 내가 할 수 있는 최선이라고 생각했다.

어느 날 아침에 큰애가 머리를 감겨달라고 했다. "그래?"라는 대답이 자연스럽게 나왔다. 큰애의 머리를 감겨줬던 때가 언제였는지 정말 까마득했다. 어릴 때부터 머리숱이 많아 머리를 헹굴 때마다 힘들어했고, 그래서인지 머리를 대충 감고 나오는 모습이 안타까웠던 기억이 떠오른다. 그런데 이번에는 달랐다. 미용실에서 배운 대로 정성을 다해 두피를 마사지하고, 충분히 헹궈서 시원하게 감겨주었다. 오랜만에 머리를 감겨주면서 큰애가 마치 아기가 된 것 같은 기분이 들었다. 그 시간만큼은 서로 장난치고 웃으면서 행복한 시간을 보냈다. 고3 엄마로서 이렇게라도 해줄 수 있는 게 있어서 다행이었다. 이 작은 행동이 큰아이에게는 위안이 될 것이라고 믿는다. 앞으로 몇 번 더 감겨주면 올해 좋은 소식을 들을 수 있을 것만 같다.

이제는 아이가 자신만의 길을 찾아 나갈 준비를 하고 있다. 그 과정에서 내가 할 수 있는 것은 그저 곁에서 지켜보며 응원하는 것이다. 아이가 선택한 길이 어떤 것이든 그 선택을 존중하고 지지하는 것이 엄마로서 나의 역할이다.

아이가 성장하는 모습을 보며 나 역시 함께 성장하고 있다는 사실이 한없이 기쁘다.

#결혼 반대 드라마의 가치

　부모님의 아침과 저녁 루틴은 일일드라마 시청이다. 그들은 매일 같은 시간에 TV 앞에 앉아 드라마를 감상한다. 예전에는 일일드라마에서 아들을 가진 부자 엄마가 가난하지만, 발랄한 며느리감을 싫어하고 결혼을 반대하는 내용이 많았다. 요즘에도 여전히 자녀의 결혼을 반대하는 이야기가 단골 소재다. 이렇게 진부한 내용의 드라마를 왜 계속 만드는지 나는 도무지 이해되지 않았다.

오늘도 두 분은 드라마를 보신다. 화면 속에는 자녀의 결혼을 반대하는 부모의 모습이 펼쳐진다. 부모님은 드라마에 몰입하셔서

"왜 자식을 힘들게 할까? 나라면 허락해 줄텐데……."

라고 아버지가 말씀하시면, 엄마는

"내가 아들을 어떻게 키웠는데? 절대 반대야!"

하며 열띤 토론을 벌인다. 그걸 바라보는 나는, 그들의 치열한 토론이 오히려 고마웠다. 몸이 아프셔서 텔레비전도 못 보시고, 기운이 없어서 라디오 소리조차 정신없다고 하시던 때를 떠올리면 아주 소중한 논쟁이다. 부모님은 드라마의 주인공들과 함께 기뻐하고 슬퍼하며, 때로는 분노를 느끼기도 한다. 드라마에 몰입하는 시간은 부모님의 일상 속 고독감을 잠시나마 잊게 해준다. 이는 단순한 오락을 넘

어서 부모님의 정서적 유대를 더욱 깊게 만들어 주는 소중한 순간이다.

자녀의 결혼을 반대하는 드라마가 계속 만들어지면 좋겠다. 왜냐하면 이런 드라마는 우리 부모님을 살게 만드는 소중한 콘텐츠이기 때문이다. 부모님은 드라마를 통해 자신의 가치관을 되새기고, 자녀에 대한 사랑과 걱정을 다시금 확인한다. 드라마는 부모님과 나의 소중한 연결고리이다.

#딸에게 배우는 건조한 삶

큰아이는 마트에서 아르바이트를 한다. 그녀는 손님들에게 살갑게 대하기보다는 맡은 일에 충실하고, 지각하지 않는 모습을 보인다. 나는 딸에게 인사도 예쁘게 하고 손님들에게 아이컨택을 해야 좋은 서비스라고 이야기했다. 근데 딸의 대답은 나에게 적잖은 충격을 주었다.

"나는 영원히 사랑해야 할 관계에서만 에

너지와 물질을 써. 그게 바로 가족이라는 공동체야. 바깥에서 사람들이 나를 어떻게 보는지는 상관없어. 내가 사랑하는 엄마, 아빠, 윤후에게 좋은 사람이면 그걸로 족해."

그 말을 듣고 나는 한동안 말문이 막혔다. 남의 눈치를 많이 보고 살진 않았지만, 돈을 받고 하는 일에는 필요 이상으로 친절해야 한다는 일종의 강박이 있었다. 딸의 말은 내 안의 무언가를 딱 들킨 기분이었다. 사람들에게 잘해야 한다는 생각이 가득했지만, 그 생각이 과연 옳은 것인지 다시 고민하게 되었다. 딸의 가르침을 마음 깊이 새기며 나는 모든 사람과 촉촉하게 살아야 한다는 생각보다, 다소 건조하더라도 진짜 신경 써야 할 사람에게 에너지를 더 써야겠다고 마음먹었다. 가족이라는 공동체의 소중함을 다시 깨닫게 된 것이다. 딸이 말한 대로, 사랑하는 사람들에게 온전히 에너지를 쏟는 것이야말로 진정한 의미의 친절 아닐까.

딸에게서 배운 것은 단순한 친절을 넘어선, 사랑의 깊은 본질이었다.

나는 일상에서 영감을 주웠다 — 205

#묵묵한 루틴

피부과에서 잡티 제거 시술을 받고 있다. 총 10번의 시술이 계획되어 있는데, 현재 4번을 마쳤다. 앞으로 세 계절이 지나면, 내 얼굴도 한결 맑아질 것이다. 레이저로 잡티를 제거한 후, 마사지실로 안내받는다. 피부 관리사는 얼굴에 사용할 마사지 재료를 설명하며 눈, 코, 입을 덮어도 괜찮냐고 묻는다. 나는 다 덮지 말고, 볼과 이마만 가볍게 덮어달라고 부탁한다. 짧은 시간이지만 답답함이 느껴지기 때문이다. 얼굴을 부드럽게 어루만지는 그 손길은, 미용실에서 머리를 감겨주는 느낌과 비슷했다. 섬세한 손길에 편안해지며 숨이 천천히 내쉬어진다.

눈을 감고 있던 나는 지금 누워있는 피부관리실을 다시 떠올린다. 레이저 시술을 받던 공간과 지금의 피부관리실에도 창문이 없었다. 직원들은 종일 자연광이 없는 공간에서 일하고 계셨다. 피부과뿐만 아니라 많은 직장과 가게들이 창문이 없는 경우가 많다. 그제야 사람들은 밝지만 답답한 형광등 불빛 아래에서 반복적이며 예민한 집중이 필요한 일을 하고 있음을 깨달았다. 나는 창문 없는 공간에서는 숨쉬기 어려운 사람이다. 집에 들어오면 제일 먼저 하는 일이 창문을 여는 것일 정도이다. 답답함이 느껴지기 때문이다. 그래도 모든 공간에 창문이 있는 것은 아니다. 창문이 없어도 열심히 일하고 살아간다. 부끄러웠다. 일정이 많아져 매일 출근할 때면 언제 쉬냐며 툴툴거렸다. 그때마다 차 창문을 열든, 일하는 공간의 창문을 열든, 새로운 호흡을 공급받으면 될 일이었다. 위대한 직장인들은 창문이 없다고 불평하지 않는다. 그들은 묵묵히 일하며, 짧은 틈을 내어 바깥 공기를 마신다. 그들은 이미 자신에게 필요한 호흡을 관리하고 있다.

공간의 답답함과 마음속 답답함을 견디지 못한 나는 그 묵묵함과 반복적인 루틴이 존경스러웠다. 나의 볼과 입술 언저리를 만져주는 피부미용사의 손길이 따뜻하게 느껴졌다. 일하는 공간에 새로운 공기가 유입되지 않아도 거뜬히 버티는 호흡이 스며든 손길이었다.

#주도권 당번제

누구나 인생의 터닝포인트가 있다. 내게는 그것이 결혼 전과 후로 나뉜다. 결혼 전의 나는 급하고 불같은 성격이었다. 그런가 하면 내 의견이 모조리 정답이라고 생각해 내로남불을 일삼기도 했으며, 마음에 들지 않는 사람에게는 말을 은근히 돌려 냉소적으로 대하곤 했다. 이렇게 부족한 인격의 사람에게 놀라운 기적이 일어났다. 나를 통제할 수 있는 남편을 만난 것이다. 남편은 매우 사려 깊고 부드러운 데다가 이해심의 폭이 넓은 사람이었다. 그래서 나를 통제하기에 가장 적합한 성품을 가졌다. 덕분에 결혼 생활은 큰 갈등 없이 이어졌다. 그가 원하는 대로 너그러이 따라주면 그만이었으니 말이다. 하지만 이토록 평화로운 가정에 위기가 도래한 것은 통제할 수 없는 두 아이가 태어나면서부터였다. 아이를 기르는 법을 잘 모르던 나는 그럼에도 불구하고 아이를 잘 기르고 싶은 욕망이 가득했다.

그러니 이때부터가 전쟁이었다. 나를 있는 그대로 다 받아주는 사람과 살 때는 아무런 문제가 없었지만, 내가 다 맞추어야 하는 두 아이를 맞이하자, 그만 혼란이 찾아왔다. 날마다 나는 잘하고 있는 건지 헷갈리며 안개 속을 걷고, 또 걸었다. 성취주의자인 나는 육아마저 성공하고 싶은 욕심이 컸다. 그러니 우습게도 육아를 성공의 프레임에 넣고선 성공시나리오를 짰다. 참 피곤한 시도였다.

　어느 날, 아이들과 함께 잠깐의 천국을 맛본 순간이 있었다. 그림을 그리고 물감칠하며 종이를 오리는 미술 놀이를 했을 때였다. 그때 나는 애써 뭔가를 하지 않아도 괜찮았다. 그저 아이들이 가지고 놀 수 있는 미술 재료들을 제공해주면 그만이었다. 함께 하는 순간순간이 즐거웠다. 아이들이 유치원에서 돌아오면 간식을 먹이고 나서 온 집안을 어지럽히는 미술 놀이가 시작되었다. 어지르고 치우고를 반복해도 충분히 견딜 만했다. 왜냐하면 이 활동을 하면서 감격하며 천진하게 웃는 순간이 늘었기 때문이다. 나는 언제나 아이들에게 재료를 주는 사람이 되다 보니 어떤 재료를 주면 좋아할까 고민하게 되었다. 그 길로 재활용 분리수거함을 뒤지며 다양한 재료를 모으기 시작했다.

그런 선택이 옳았을까? 다행히도 아이들은 페트병, 계란판, 캔 껍질을 매우 좋아했다. 우리의 미술 놀이는 그렇게 5년이 넘는 시간 동안 이어졌고, 그사이 나는 우리 아이들과 했던 놀이를 다른 아이들과도 함께 해보는 경험을 하게 되었다. 그러니까 아이들과 나는, 가족이자 협업자의 관계였다. 온종일 시간을 그렇게 보내며 나는 환경미술가라는 직업을 가지게 되었고, 아이들과 남편도 함께 작품을 만들어가는 협업자로 자라났다. 결국엔 아이들에게 잘하고 싶은 마음을 넘어, 아이들을 잘 키워내겠다는 욕심은 철저히 나를 좌절시켰다. 내 주도권을 아이들에게 넘기고 뒤에서 재료를 챙기는 역할로 물러나니, 그제야 관계의 새로운 프레임이 짜였다.

'통제'라는 방법은 나의 의견대로 상대방을 좌지우지할 수 있으니 편하기도 하고, 즉각적인 효과도 금방 발견할 수 있다. 그런데 만약 누군가가 나를 통제하려 한다면, 나는 이미 저 멀리 도망갔을 것이다. 내가 싫으면 상대도 싫은 법이다. 누구나 아는 이런 진리를 나는 결혼하고 아이를 낳아, 직접 통제할 수 없는 경험을 통해 깨닫게 되었다. 육아는 성취주의자였던 나를 경험주의자로 새로이 바꿔 놓았다.

"그럴 거야"
"그래야 해"

라고 말하던 내 단호함을 과연 그런 건지 같이 확인해볼까? 로 바꾸어 말하기 시작했다. 물론 주도권은 아이들에게 넘어가는 듯 보이지만, 실은 그게 다시 나에게로 또는 남편에게로 올 수 있다. 이토록 나는 주도권을 나 홀로 독점하는 게 아니라 가족들과 함께 공유하며, 서로를 응원하는 것, 그것이야말로 건강한 가정을 향한 지향이라고, 지난 경험을 통해서 확신하게 되었다.

　누군가를 쥐고 흔들려는 통제에 실패함으로써, 결국 우리는 다 함께 주도권을 공유할 수 있게 되었다.

#너는 귀하다

　고등학생이 된 둘째는 날마다 밤늦게 들어온다. 고단한 입시생인 아이에게 서둘러 밥을 차려준 뒤, 나는 차를 마셨다. 둘째가 밥 먹는 모습을 흐뭇하게 바라보다가 "너는 보기만 해도 기분이 좋아지는 사람이야. 엄마는 참 행복해. 네가 정말 귀한 존재야."하고 말했다.
　그렇게 말하자 갑자기 목이 뜨거워지면서 눈물이 왈칵 터졌다. 왜 눈물이 났을까? 둘째의 존재 자체가 고맙고, 사랑스러웠기 때문이다. 신도 사람을 만드시고 바라보실 때 이런 감정을 느끼셨을까?

내가 나를 볼 땐 부족함만 보이지만, 신이 나를 볼 때는 흐뭇해하시다가도 울컥하실지 모른다. 그냥, 내 존재 자체가 고마워서.

좋고, 아프고, 애틋한 순간이다.

#우리집으로 가자

첫째가 종강하자 집으로 돌아왔다.
"와~ 집에 오니까 너무 좋네."

둘째는 기말고사 첫날을 마치고
지쳐서 집에 들어왔다.
선풍기 바람을 쐬며,
"아~ 집이 최고다."

애들 아빠가 퇴근하자마자 씻지도 못하고
소파에 털썩 누우며 하는 말.
"집에 와서 다행이다."

집으로 오는 길, 얼마나 안도했을까.
온몸의 긴장과 조임을 풀고
편히 누울 수 있는,
우리 집이 고맙다.

Part 4.
세상과 연결되어,
지속 가능한 창작의 길을 찾다

#영감보다 자기화!

　나는 영감을 어디서 얻느냐고 질문을 자주 받는다. 영감은 신비로운 느낌으로, 햇빛이나 공기, 비처럼 누구에게나 차별 없이 주어지는 선물이라 생각한다. 여기서 중요한 것은 바로 '나 자신'이다. 조건 없이 주어지는 신비를 느끼고 받아들이는 일은 오롯이 나의 몫이다.

　영감은 삶 자체이며 인생 전체를 아우른다. 우리는 매일의 경험 속에서 영감을 마주할 기회를 가진다. 더 중요한 것은, 그 영감을 어떻게 받아들이고 자기화하느냐이다. 영감을 받는 것은 단순히 외부의 자극을 수동적으로 받아들이는 것이 아니라, 자극을 내면화해 고유한 경험으로 바꾸는 창의적인 과정이다. 무엇보다 중요한 것은 '지속적인 훈련'이다. 영감을 자신의 것으로 만들기 위해서는 진정한 호기심과 개방적인 마음가짐이 필수적이다. 일상 속 가장 사소해 보이는 순간들에서도 숨겨진 신비와 의미를 발견하고, 그것을 개인의 내면과 유기적으로 연결할 수 있는 능력을 꾸준히 개발해야 한다. 영감을 내면화하는 과정은 단순한 수용을 넘어 능동적이고 창조적인 재해석의 여정이기도 하다. 이 여정에서 중요한 것은 실패와 실수를 두려워하지 않고, 끊임없이 도전하고 실험할 수 있는 용기와 열정이다. 영감은 선물처럼 주어지지만, 그것을 어떻게 활용하느냐는 전적으로 온전히 나의 몫이다.

#보습이 잘된 전시

어렸을 때는 아토피가 심한 편이었다. 얼굴은 늘 붉었고 조금만 건조해져도 피부가 가렵고 따가웠다. 기분 나쁠 일이 없어도 따가움 때문에 저절로 인상이 찌푸려지곤 했다. 돌이켜보면 아토피는 한참 자라나는 아이의 성격을 만들어가는 과정에도 큰 영향을 미치는 듯했다. 여기저기가 가려우니까 자꾸만 긁게 되고 그런 정도가 심해져서 결국 진물이 나기 일쑤였다. 얼굴과 팔, 그리고 발에서 진물이 나는 상태를 견디는 건 힘들었다. 건조한 피부가 날카로운 면에 닿기라도 하면, 깨진 유리 조각을 여린 살에 비비는 느낌처럼 고통스럽고 괴로웠다. 다른 사람과 한참 얘기를 나누고 있다가도 가려움이 불쑥 올라오거나 진물이 흐르는 느낌이 들면, 얼굴이 화끈해지고 수치심이 들기도 했다. 그때부터였던 걸까? 나도 모르게 예민한 성격이 되었다. 사람들 속에서도 항상 마음을 놓지 못하고 이방인으로 사는 듯했다. 성인이 되어서도 상황은 크게 달라지지 않았다. 나는 꽤 오랜 시간 동안 아토피로 힘들었다.

그러다가 아토피가 드라마틱하게 사라진 시기가 왔다. 바로 임신과 출산 이후였다. 그땐 정말이지 새로운 몸으로 태어난 것만 같았다. 몸이 가렵지 않고 피부가 따갑지 않으니 우선 인상부터 펴졌다. 가끔 들리는 마트 사장님께 슬쩍 안부를 물어볼 정도로 오지랖도 생겼다. 미소를 어떻게 짓는지도 잊어버린 지 꽤 오래되었는데, 한번 자연스럽게 웃어보고 싶었다. 가면 갈수록 내 몸과 마음이 촉촉해지고 있었다.

그렇게 보습이 충분히 채워진 30대를 보내고, 드디어 고대하던 40대를 맞이했다. 보습이 잘된 내 정서는, 창작이라는 새로운 세계에 무사히 진입할 수 있었다. 창작의 결과물을 만들어내는 과정을 넘어, 넓고 고요한 공간에 예술 작품을 설치하는 일까지 나아갔다. 작품을 차에 싣고 텅 빈 전시공간에 도착한다. 하얗게 칠해진 넓은 벽과 깨끗하게 정리된 바닥을 보며 누구와도 공유할 수 없는 건조함을 느낀다. 철저한 외로움이 건조함을 파고든다. 이럴 땐 작품을 만들 때 채웠던 수분 보습을 꺼내야 한다. 보습의 부드러움으로 차근차근 그리고 정성껏 작품을 설치한다. 공간은 어느새 버려진 자원과 자연물로 연결된 작품으로 채워진다. 공간마다 다른 모습을 하고 있기에 설치 모습도 달라진다. 그러니 때마다 유연함이 필요하다. 보습제의 향긋한 오일은 유연함을 더해준다. 어렸을 적에 경험했던 그 건조함이 결코 내 인생 전체를 건조하게 만들지 못했다. 생명의 잉태와 출산이라는 거대한 보습제를 만나고 나서야 비로소 몸과 마음이 수분으로 채워졌다. 나는 건조함을 이겨내고 보습이 잘된 전시를 하는 사람으로 살게 되었다.

이제 어떤 공간도 자신 있다. 보습제를 충분히 바르면 그만큼의 채움이 나를 유연하게 만들어준다. 그러니 나는 계속 촉촉해지고 싶다. 늘 부드럽고 촉촉한 예술처럼.

#떡처럼 살자

아무리 먹어도 질리지 않는 음식은 무엇일까?

게다가 오늘은 특별한 날이니 맛있는 것을 먹고 싶다. 뭐가 가장 맛있을까? 곧 점심시간인데 뭘 먹으면 좋을까? 퇴근 후 고단함을 풀고 싶은데 대체 뭘 먹을까? 이런 질문을 받으면 항상 떠오르는 것은 단연 떡볶이다.

나는 특히 떡볶이의 주재료인 가래떡을 좋

아한다. 어렸을 때 집에서 불린 쌀로 방앗간에서 가래떡을 뽑아왔던 기억이 난다. 그건 추운 겨울날에 설날을 준비하는 과정이었다. 금방 나온 가래떡은 아주 쫄깃하고 따듯해서 밥 대신 몇 끼로 먹었다. 이후 떡이 살짝 굳으면 엄마와 나는 가래떡을 떡국용 떡으로 잘라놓았다. 그렇게 엄청난 양을 모으니 겨울방학 내내 가래떡을 든든하게 먹을 수 있었다. 팔팔 끓인 육수에 떡국떡을 넣으면 국물이 뽀얗게 우러난다. 후루룩 한 그릇 먹고 나면 벌써 점심시간이 된다. 이후 점심은 언제나 떡볶이로 해결했다. 조금 전에는 담백한 떡국 한 그릇으로 든든함을 채웠다면, 이번에는 매콤달콤한 떡볶이로 입맛을 즐겁게 해주었다.

가래떡의 다양한 변신이 새삼 새롭게 다가왔다. 떡국과 떡볶이처럼 음식의 주인공으로 쓰이는 음식도 맛있지만, 다른 재료를 빛내주어 최종 결과물을 풍성하게 해주는 음식들도 있다. 갈비찜과 떡라면이 그 대표적인 예다. 떡이 갈비찜에 들어가면 고기와는 다른 쫄깃함을 선사하고, 라면에서는 면발 사이사이에 들어가 씹히는 맛을 극대화해준다. 떡 하나 덕분에 요리는 한층 더 풍성해진다. 놀랍게도 떡은 조연일 때조차도 그 존재감을 잃지 않는다. 그러자 나도 떡처럼 살고 싶다는 생각이 들었다

하고 싶은 작업을 혼자서 실컷 하게 될 때는 결과물도 나의 의도와 취향을 오롯이 나타내주곤 한다. 그런 작업을 좋아해 주는 단체나 기획자와 함께할 때는, 그들이 방향을 따라가면서도 나만의 색깔을 덧입힌다. 마치 떡처럼 요리 속에서 혼자 존재할 때, 다른 이들과 함께할 때, 모두가 서로 원하는 풍성한 결과물을 내고 싶

다. 떡은 다른 재료와 달리 원래의 말랑함을 유지하면서 주인공인 요리와 조연인 요리에 다 같이 쓰인다. 국물에 녹지 않고, 재료의 모양이 쉽게 흐트러지지 않는다. 여기에서 힌트를 얻었다. 내 작업도 나의 본모습을 지키며 때로는 주인공으로, 때로는 조연으로 활동해야겠다고.

떡처럼 말이다.

#정리 통찰 1.
#정리와 전시

날마다 정리를 하고 있다. 프리랜서 작가로 일한 지 12년이 지나면서, 올해가 내 인생의 터닝포인트가 될 거라는 확신이 들었다. 그동안의 경험을 돌아보면 어떤 선택을 했느냐보다, 그것을 어떻게 행동으로 옮겼는지가 더 중요하다는 걸 깨달았다. 정리를 통해 새로운 시작을 준비하는 과정은 나에게 큰 의미가 있다.

정리가 가능했던 이유는 그동안 쌓아온 전

시 경험 덕분이다. 많은 사람들은 전시와 정리가 전혀 관련 없어 보인다고 생각할지 모르지만, 나에게는 이 두 가지가 상호 작용했다. 전시에서는 원하는 작품만 남기고 나머지는 공간에서 빼내는 과정이 필요하다. 이 원칙을 정리에 그대로 적용하니, 오히려 힘들지 않았다. 필요한 것만 남기는 것이 정리의 핵심이었다. 전시 세팅은 하루 만에 끝나기도 하지만, 여러 날이 걸리기도 한다. 집 정리 역시 마찬가지다. 오전에 조금 정리하다가 쉬고, 다음 날 다시 시작하는 식으로 진행된다. 정리하는 사람의 속도에 맞추어 진행할 수 있다. 정리를 해야만 다음 챕터를 맞이할 수 있을 것 같았다. 매일 조금씩 정리해 나가며 새롭게 다가올 기회를 준비하고 있다.

좋은 기운과 복은 늘 우리 곁에 머문다. 그

복을 받을 공간을 만드는 것은 내 몫이다. 불필요한 것들을 제거하는 것은 단순히 물건을 치우는 것이 아니라, 내 생각과 감정까지 정리하는 일임을 깨달았다. 깔끔히 정리된 공간은 신선한 영감을 불어넣고, 앞으로 나아갈 방향을 선명하게 보여준다. 프리랜서 작가로 사는 삶이 불확실성과 도전으로 가득하지만, 이러한 정리 과정을 통해 나는 그 불확실성을 한결 더 수월하게 받아들일 수 있게 되었다. 결국, 정리란 새로운 작업을 준비하는 여정의 시작점이다.

정리는 곧 기회다.

나는 일상에서 영감을 주웠다

#정리 통찰 2.
#현재를 살려면 가치 없어야 한다

현재를 살아라

라는 말을 자주 듣는다. 돌이켜 보면 역설적으로 현재를 살기가 얼마나 어려운지 절감하게 된다. 우리의 일상에서 마주하는 현재의 물건들은 단순한 소유물이 아니라, 과거의 기억과 감정을 품은 존재들이다. 그래서 정리를 시작할 때면 그 물건들이 나에게 어떤 의미였는지를 되새기게 되고, 자연스럽게 과거로 돌아가게 된다. 집안에 발 디딜 틈이 없을 정도로 물건들이 쌓이면 정리는 필수다. 나는 정리의 첫 단추를 끼우기 위해 각 공간과 서랍을 열어보았다. 안에 오랜 시간 동안 쌓여온 추억이 담긴 물건들이 가득했다. 하나하나 매만지며 추억에 잠겼다. 그러다 보니 나는 어느새 과거의 시간 속에 한참을 머물게 된다.

이 순간은 조심해야 하는 시간이다. 정리가 멈출 가능성이 크기 때문이다. 좋은 기억이 떠오를 때쯤 멈춰야 한다. 정리를 하면서 가장 애착이 큰 물건만 남기고, 가차 없이 버려야 비로소 빈 공간이 생긴다는 걸 깨달았다. 우리가 과거의 물건에 애착을 가지는 것은 자연스러운 일이다. 그러나 그 물건들이 현재의 나에게 어떤 의미가 있는지 고민해 보아야 한다. 과거의 기억은 소중하지만, 그것이 현재를 살아가는 데 방해가 된다면 과감히 정리해야 한다. 또한 미래를 대비해 미리 사둔 물건들도 현재에는 아무런 의미가 없다. 그 물건들은 나의 공간을 차지할 뿐, 실제로 사용되지 않으면 나에게 아무런 도움이 되지 않는다.

이 과정을 통해 나는 정리가 물건의 정돈을 넘어, 현재를 살기 위한 수련이라는 것을 깨달았다. 정리는 나에게 필요한 것과 불필요한 것을 분별하는 훈련이 되었고, 이 여정을 통해 나는 스스로에 대해 더 깊이 이해하게 되었다. 정리를 마치고 나서야 여유로운 공간이 만들어졌고, 그 공간은 앞으로의 새로운 기회를 준비하는 토대가 되었다.

정리는 현재를 온전히 살기 위한 수련이다.

#시작만 하는 게 어때서? 1.

무언가를 새로이 시작하는 일은
언제나 기쁨과 설렘을 선사한다.
젊었을 때 나는 시작하는 걸 좋아했다.
시작이 있으면 과정이 뒤따랐다.
과정에는 항상 어려운 단계가 있었다.
어려움을 마주할 땐
느닷없이 힘이 뚝 떨어진다.
그래도 나름대로 이겨내려 애써본다.

그런 노력도 무색하게,
얼마 지나지 않아 흐지부지 끝나곤 했다.
시간이 흘러, 두세 달을 쉬고 나면
그걸 다시 시작했다.
그럴 때면 이미 포기했던 경험의 자괴감과
도전하고 싶은 욕망 사이에서 번민한다.

그렇지만 다시 생각해 봐도
결국에는 시작하는 쪽으로 움직였다.
이 과정을 계속 반복했다.
주변 친구들이나 내 아이들도
이렇게 시작만 하는 경우가 있다.
이제 나는 시작을 향해 걷는 사람들을
전적으로 응원한다.
끝이 나지 않더라도 시작하고 싶다는
욕구가 생겨난 것에 대해 응원한다.
또한 어려운 단계에서 포기하는 모습에도

역시 응원한다.
시작과 그 과정에는 이미 큰 배움이 담겨 있다.
이는 다음 시작에 있어 결정적인 영향을 끼친다.
여기서 주의할 점은 시작에는
돈과 시간이 들어간다는 사실이다.
어떻게든 손실을 줄이려고
고민하고 망설이던 시절조차도 응원한다.

그렇게 역량이 쌓이고
마침내 지속할 수 있는 일을 만나게 된다.

#시작만 하는 게 어때서? 2.

어렸을 적,
"너는 왜 시작만 하고 끝을 못 내니?"라는
핀잔을 자주 들었다.
나 역시 일을 시작하기만 하고
끝을 맺지 못하는 자신이 실망스러웠다.
그렇다고 끝을 멋있게 마무리하는 방법을
알게 된 것도 아니었다.
그저 계속 시작했다.

계속 시작만 하고 끝내지 못한다면 어떻게 될까?
우리는 그걸 실패라고 단정 짓기 쉽다.

이런 이유로,
인간의 여정은 계속 시작만 하다가
끝나는 인생일 수도 있다.
영원의 시간 안에서 100년은 찰나에 불과하다.
꾸준히 임할 수 있는 일을 만나서
어느 정도 경지에 이르렀다 해보자.
그렇더라도 영원에 견주어 보면,
그 또한 찰나 속에 있을 뿐이다.

시작만 하다가 가는 게 아니라,
시작이야말로 여정의 전부이다.

#라디오 공동체

 운전은 언제나 어렵고 두렵지만, 일을 위해서는 장거리 운전이 불가피하다. 장거리 운전은 도착할 때까지 가슴이 조여온다. 그럴 때마다 의지하는 든든한 공동체가 있다. 바로 라디오 공동체다. 라디오가 함께해 주는 것이 큰 위안이 된다. 클래식 음악 프로그램 두 시간과 영화 음악 프로그램 한 시간을 들으면, 어느새 목적지에 도착해 있을 것이다. 중간에 있는 휴게소에 들러 잠시 쉬어간다면, 점심시간을 신나게 해주는 가요 프로그램까지 듣게 된다. 귀로 만나는 공동체인 라디오는 내가 무사히 목적지에 도착할 수 있도록 공감해 주고, 위로하며, 힘을 북돋아 준다. 라디오에 나오는 사연들은 모두 개인의 이야기지만 도리어 그 사연들이 나에게 다가와 말을 걸어오는 듯한 느낌을 준다. 각기 다른 사연이더라도 그 안에는 공통된 감정과 경험이 담겨 있어 마치 나의 이야기를 듣는 느낌이 든다. 라디오 공동체는 나와 같은 길을 걷는 사람들의 목소리를 담고 있다.

'공동체'라는 단어를 들으면 종종 부담감이 느껴진다. 마치 잘 수행해야 하는 숙제 같은 느낌이다. 라디오 공동체를 만나면서부터는 공동체가 숙제가 아닌, 온전히 기댈 수 있는 존재로 느껴졌다. 어쩌면 공동체는 보이지는 않지만, 분명히 존재하는 모든 것일지도 모른다. 라디오를 통해 만나는 사람들은 물리적으로 멀리 떨어져 있을지라도 그들의 목소리와 이야기는 나와 연결되어 있다. 라디오 공동체는 나에게 소속감을 주면서 혼자가 아니라는 사실을 일깨워준다. 장거리 운전 중 느끼는 두려움과 불안은 라디오와 함께할 때 조금씩 사라진다.

#마법사는 어디에나 있다

 영성과 명상을 좋아하는 선생님께서 흥미로운 말씀을 하셨다. "인간 세상에서 마법사는 어디에나 있고, 생각보다 꽤 많아"라고 하셨다. 농담 같으면서도 진심이 느껴져서 본인은 그렇게 믿고 계신 듯했다. 그 말이 꽤 흥미로웠다. 인간 세상에 숨어 사는 마법사의 삶은 어떨까? 내가 마법사가 된 상상을 하며, 그 신비로운 삶을 떠올렸다.

마법사인 신분을 숨기고 오랜만에 서울 구경에 나섰다. 거리에는 다양한 사람들이 가득하고, 그 속에서 마법사는 조용히 거리를 바라본다. 마법사는 생각만으로 어디든 이동할 수 있는 능력을 지니고 있다. 그러나 그런 능력을 내려놓고, 인간의 언어를 사용하며 버스를 타는 번거로움을 감수했다. 왜냐하면 좋아하는 인간들과 만나고, 이야기하고, 놀고 싶기 때문이다.

서울의 거리에서 나는 사람들의 말소리, 표정, 그리고 음식에서 큰 영감을 받았다. 그들의 웃음소리와 대화는 마법사인 나에게 새로운 마법의 씨앗을 심어주었다. 인간의 삶은 때로는 복잡하고 힘들지만, 그 속에서 느끼는 감정과 경험은 마법의 원천이 되었다. 마법을 꿈꾸게 하고 새로운 마법을 만들고 싶어진다. 인간 세상에 사는 것은 어렵지만, 충분히 도전해

볼만하다. 그런 삶은 마법이 더욱 좋아지게 만든다. 마법사는 인간의 삶을 통해 더 깊은 이해와 통찰을 얻고, 그로 인해 자신의 마법을 더욱 풍부하게 만들어간다. 인간의 사소한 일상에서 마법의 본질을 발견하고, 그들과 함께하는 순간들이야말로 나에게는 가장 큰 마법이다.

#저를 오해하시길요

"늘 에너지가 많으신 것 같아요."

기자님은 제가 일할 때를 가장 많이 보셨을 거예요. 작품을 설치하거나 관객에게 작품을 설명하고 있을 때 말이죠. 혹은 작품 연계 프로그램을 참여자들에게 워크숍으로 진행하는 모습을 보시고 촬영도 하셨겠죠. 실은 그때가 에너지를 가장 많이 사용하는 시간이랍니다. 그 시간이 끝나고 나면, 데친 시금치처럼 축 처져 있죠. 다른 분들은 그런 모습이 상상이 안 간다고 하더라고요. 하지만 가족이나 친한 친구들은 제가 얼마나 에너지가 없는지 잘 알고 있습니다. 저녁 7시가 넘어가면 눈 밑에 다크서클이 내려앉고, 집중력도 떨어져서 상대의 이야기에 집중하기 어렵죠. 그러면 지인들은 슬슬 저를 보낼 때가 됐다는 걸 알고서 먼저 일어나라고 부추깁니다. 제가 이렇다니까요. 가진 에너지는 좋아하는 일을 할 때 가장 많이 사용합니다. 그래서 역동적으로 보시는 것 같아요.

날마다 저를 일으키는 동력은 무엇일까요?

사람들이 저에게 예술을 계속할 힘이 대체 어디에서 오느냐고 많이 물어봐요. 제가 큰 업적을 이룬 사람도 아닌데 말이죠. 항상 작은 것들을 만지고 적은 양의 글만 쓰고 있는데요. 그래도 질문을 주셨으니 생각해 봅니다. 동력이라는 건 기계가 돌아가는 에너지잖아요. 전원이 켜져 있는 상태 말이에요. 밤이 되면 꺼졌던 저의 전원은 아침이 되면 다시 켜집니다. 전원이 계속 꺼진 채 이틀이나 삼 일이 지나갈 때도 있어요. 그렇게 하고서도 하고 싶은 마음이 전혀 없어지지 않는 거예요. 계속 그 마음이 올라와요. 고단하고 지쳐도 이제 못 하겠다, 싶은 마음이 들지 않아요. 아무리 힘들어도 그만해야지, 라는 생각이 들지 않았어요. 놀랍게도 예술을 하지 않는 시간에는 오히려 작업을 빨리해야지, 하는 강박이 생길 만큼 작업에 푹 빠져 있답니다. 뭘 해야 할지 생각이 나지 않을 때는 상당히 괴롭긴 합니다만, 어쩌면 그 괴로움조차도 예술을 향한 하나의 동력이 되었습니다. 그렇기에 작업의 여정에서 저는 아직도 허니문입니다.

"좌절의 순간을 어떻게 이겨내시나요?"

좌절(挫折): 마음이나 기운이 꺾임.

마음이나 기운이 꺾이는 좌절을 경험하면 그것을 절대로 이겨내려 하지 않습니다. 예전에는 그걸 이겨내기 위해 온 힘을 다해 노력해 봤어요. 걸어도 보고 맛있는 걸 먹어보기도 하고, 온종일 힘이 되는 영상을 보기도 했죠. 좌절을 이기고 싶어서요. 그러면 잠시 좌절이 사라지는 것 같았지만, 시간이 지나면 다시 좌절의 지점으로 돌아가더라고요. 그래서 저는 마음과 기운이 꺾이는 상태로 있기로 했어요. 즉, 그 상황을 억지로 이기려 하지 않고 차라리 지는 쪽을 택했죠. 가라앉은 마음을 이겨내려고 여러 가지를 하는 것보다 아무것도 하지 않은 채 좌절에 푹 빠져 있기로 했습니다. 충분히 좌절해야만 불편하거나 슬픈 상황을 받아들일 수 있게 되더라고요. 좌절은 온몸에서 기운이 다 빠져나가는 것 같이 하고, 식욕도 없어지게 만들잖아요.

그런데도 울 수 있는 에너지는 있는 거예요. 그럴 땐 내려앉는 마음 그대로 실컷 울어요. 잔뜩 울고 나야 좌절의 시간이 멈춰 있지 않고 빗물처럼 흘러 지나가는 것 같더라고요. 눈물샘에서 준비된 눈물을 다 쏟아내고 나면 몸이 축 늘어져서 잠이 듭니다. 그렇게 저는 좌절을 이겨낼 수 없는 연약한 사람입니다. 좌절을 있는 그대로 받아들이고 초연해지고자 그저 기다릴 뿐입니다.

우리는 무엇을 기다리는 것일까요. 강한 동력을 지닌 사람만이 성공할 수 있다는 게 상식인 것처럼 생각하는 이 시기에, 기다림이 맞는 것일까요. 그러나 저는 강한 사람이 아닙니다.

대단한 것에 빗대어 말하기에는 조금 쑥스럽습니다. 기다림이 언젠가는 동력이 되기를 바랍니다. 저는 기다리는 사람입니다.

나는 일상에서 영감을 주웠다

#마늘이, 주인공이 아니다

요리를 할 때, 나는 참기름, 들기름, 마늘을 아주 조심스럽게 사용한다. 이 세 가지 재료는 각기 고유한 풍미를 지니고 있지만, 잘못 사용하면 요리의 전체 맛을 해칠 수 있다. 비빔밥을 예로 들어보면, 제철 채소가 주인공이어야 한다. 신선한 채소의 고유한 맛과 향을 최대한 살리는 것이 중요하다. 만약 고추장과 참기름을 과도하게 쓰면, 다양한 채소가 가진 고유의 향은 맛볼 수 없게 된다. 이처럼 주재료의 맛을 해치지 않도록 세심하게 신경 써야 한다. 미역국을 만들 때도 마찬가지이다. 미역국은 충분히 끓인 후 마지막에 약간의 마늘을 넣는다. 때로는 아예 생략하기도 한다. 마늘은 맛의 풍미를 더하는 데 필요한 재료이지만, 굳이 없어도 미역국이 온전해질 수 있다. 미역과 육수만으로도 깊고 진한 맛을 낼 수 있기 때문이다.

이런 관점은 요리뿐 아니라 나의 예술 작업에서도 동일하게 적용된다. 내 작업의 주재료는 일상에서 버려지는 자원이다. 작품의 완성도를 위해 색을 칠하고 접착제를 사용하지만, 작업을 하다 보면 더 많은 색을 칠하거나 강력한 접착제를 쓰고 싶은 유혹에 빠질 때가 있다. 그럴 때마다 주재료를 바라보게 된다. 버려지는 자원을 선택한 이유와 이 재료를 좋아하며 작업했던 순간들을 떠올리면, 다시 본래의 길로 돌아올 수 있다. 비주얼을 위해 다양한 색을 추가하는 것도 나쁘지 않으나, 여러 번 보조 재료들이 결과물을 덮어버리는 경험이 있었다. 그래서 보조 재료의 활용도를 절제하는 걸 늘 되새긴다. 비빔밥에서는 고추장과 참기름이 제철 채소의 맛을 더욱 돋보이게 해준다. 작업에서도 보조적인 요소들이 주재료를 더욱 빛나게 하는 역할을 한다. 그러나 이러한 곁들이는 요소들이 본질을 해치거나 주재료의 특성을 가리게 된다면, 과감히 생략해야 한다. 주재료만으로도 충분히 빛난다.

#부족함이 족함

"그림책을 어떻게 만들었나요?"라는 질문을 많이 받는다. 질문을 듣고 잠시 생각에 잠긴다.

'맞아, 어떻게 만들었지?'

내 마지막 꿈은 '타샤 튜터(Tasha Tudor, 동화작가)' 할머니처럼 그림책 작가가 되는 것이었다. 손주들에게 들려줄 그림책을 만드는 작가 할머니의 모습은 상상만 해도 근사했다. 지금은 인생의 중반기를 달리고 있어, 그 꿈이 다소 막연한 상상처럼 느껴진다.

어느 날 내 전시를 본 관객이었던, 이애리 선생님께서 나에게 환경 그림책을 만들어 보자는 제안을 하셨다. 실은 그동안 내가 만들어 온 작품들을 주인공으로 그림책을 만들면 좋겠다는 생각을 해왔다. 그러나 막상 그림책을 만들려니 막막해져서 엄두가 나지 않았다. 그런데 갑자기 그림책을 함께 만들자고 한 사람이 나타난 것이다. 그렇게 선생님과의 협업을 통해, 『다시 태어난 지구』라는 그림책을 만들 수 있었다. 이 경험을 바탕으로 이번에는 용기를 내어 혼자 『뚜껑 정원』을 만들게 되었다.

처음에는 그림책이라는 것이, 지금까지 해왔던 창작과는 다른 분야라고 생각했기 때문에 어쩌면 시작하기도 전에 지레 겁을 먹었는지도 모른다. 그래도 그림책을 만드는 과정에서 나의 창작 방식을 대입해보면 할 수 있지 않을까? 라는 생각이 들자 숨어있던 용기가 불쑥 튀어 올랐다. 완벽한 그림책을 만들겠다는 생각은 버렸다. 그건 불가능하다는 것을 알았기 때문이다. 대신에 내가 해낼 수 있는 지점을 찾아보았다. 그 지점에서 재미를 찾아가며 창작을 하려 노력하니 이 힘든 과정을 잘 견딜 수 있었다.

이는 결국 부족함을 지향하는 창작의 또 다른 방식이었다. 나는 페이지를 마무리할 때마다 늘 2% 부족하게 마무리했다. 물론 여러 번 수정했지만, 완벽을 추구하며 나를 벼랑 끝에 몰고 가지 않았다. 창작의 주체인 내가 지쳐서 노트북을 닫아버리는 것을 피하기 위해서였다.

"그림책을 어떻게 만들었나요?"라는 질문에 나는 이렇게 대답한다.

"좋아하는 창작 방식을 그림책에도 대입했습니다. 부족한 결과물이더라도 계속 그려나갔습니다. 창작 안에서 주체가 되어 재미있는 지점을 꼭 찾아냈습니다. 그 재미를 발견함으로써 지쳐있는 작가에게 용기를 북돋웠습니다. 저는 완벽한 그림책이 아닌 부족한 그림책을 완성했습니다. 그리고 그 부족한 상태 그대로 출간했습니다. 다음 책을 쓰기 위해서는 어떻게 해서든지 결과물을 꼭 만나야 했기 때문입니다. 이게 저의 방법입니다."

#다이어트와 지구

 사람들이 나를 환경운동가라고 부를 때가 있다. 사실 나는 환경운동가라기보다, 버려진 자원을 좋아하는 사람이다. 환경을 보호하는 것은 누구에게나 중요한 가치이지만, 그 출발점은 개인의 생활 방식을 변화시키는 데서 시작된다. 한 걸음 더 나아가 보면, 나의 친환경 활동은 다이어트와 깊은 관련이 있다.
 몸무게를 일정하게 유지하려는 노력을 통해 나는 여러 이점을 얻을 수 있었다. 작년에 입었던 옷을 올해도 입을 수 있게 되면서, 자연스럽게 새로운 옷을 구매하는 빈도를 줄일 수 있었다. 의류 산업은 자원 낭비와 환경 오염의 주범 중 하나로 알려져 있다. 이미 가지고 있는 옷을 재활용하는 것은 환경 보호에 도움이 되는 중요한 행동이다.

또 다른 중요한 점은 잘 버리는 것이다. 냉장고를 열었을 때 무엇이 있는지 한눈에 보일 만큼 공간을 비워두는 것을 좋아한다. 이렇게 하면 불필요한 식자재가 쌓이지 않아 신선한 재료를 활용할 수 있다. 식자재를 조금씩 사서 그때그때 요리해 먹는 습관이 생겼고, 이는 음식 낭비를 줄이는 데 큰 도움이 된다. 오래 보관할 수 있는 음식이 남아 있더라도 소모되지 않으면 과감히 버리기로 했다. 이러한 선택들은 단순히 개인의 건강뿐만 아니라, 환경에도 긍정적인 영향을 미친다.

나는 넓은 작업실과 쾌적한 주거공간을 가진 집을 꿈꿨다. 필요 없는 가구와 쓰레기를 정리하다 보니 우리 집이 점점 커지는 사실을 깨달았다. 물건을 최소한으로 유지하고 필요한 것만 남기는 삶은 편안함과 여유를 가져다준다. 정리된 공간은 마음마저 가볍게 만들어주면서 작업을 하는 집중력을 높이는 데도 도움이 된다.

몸에 있는 살을 버리고 집에 있는 쓰레기를 버리는 삶이 내게 있어 굉장히 친환경적이라고 생각한다. 다이어트와 정리는 개인의 건강과 생활 방식을 변화시키는 것만이 아니라, 지구 환경에도 긍정적인 영향을 미칠 수 있다. 지구를 위한 길은 나 자신의 삶에서 시작되며, 그 변화가 나의 일상에서 꾸준히 이루어지고 있음을, 늘 감각하고 있다.

나는 일상에서 영감을 주웠다 — 273

#아기는 웃지 않고 울었다

 엄마의 자궁 속을 나와 세상으로 오는 아기는 왜 그렇게 울까? 세상으로 나가는 순간 하하, 크게 웃어야 할 것 같은데. 엄마의 자궁 속 삶은 안전하고 편안했다. 그곳에서는 엄마에게서 전적으로 영양분을 공급받고, 보호받으며 존재의 의미를 느꼈다. 그러나 이렇게 안락한 삶을 뒤로하고, 곧 알 수 없는 바깥 세계로 나와야 한다. 바깥세상은 존재만으로는 충분하지 않다. 이곳에서는 성실히 노력하고 고뇌

하며, 애쓰는 삶이 기다리고 있다. 새로운 환경은 낯설고 모든 것이 불확실하다. 아기는 자신을 기다리는 이 삶이 버거웠을까? 그래서인지 세상에 첫발을 내딛는 순간 큰 울음을 터뜨린다. 먼저 바깥으로 나온 어른들은 아기를 환대하며 이렇게 말한다.

"힘든 세상에 온 걸 축하해. 괜찮아, 여기에서도 가끔 웃을 수 있어. 애쓰다 힘들어지면 어떻게 쉬는지 알려줄게."

그들은 따뜻한 손길로 아기를 안아주며, 새로운 삶의 시작을 축복한다. 아기는 그들의 따뜻한 환대를 느끼고 울음을 그친다.

#자리를 만들어주면 함께 할 수 있다

어렸을 적 겨울방학이 되면 귤 한 상자가 겨울 간식이었다. 상자를 열면 주황빛의 귤들이 가득 쌓여 있었다. 수시로 귤을 까먹으며 즐거운 시간을 보냈지만, 바닥이 보일 즈음에는 가족들이 안타까운 표정을 지었다. 이유는 간단했다. 밑에 있는 귤이 짓물렀거나 곰팡이가 생겼기 때문이다. 많은 양을 한 상자에 담아야 하니 어쩔 수 없는 일이었다.

이제 내 아이들도 귤을 잘 먹는다. 겨울이 되면 귤은 그들의 간식이자, 나의 추억이 된다. 단백질도 수시로 보충해야 하니, 구운 달걀도 떨어지지 않게 사놓는다. 구운 달걀을 다 먹고 나면 회색 달걀 포장재만 남는다. 그 포장재에 귤을 하나씩 채워주었다. 주황빛 귤 서른 알이 정갈하게 놓였다. 각자의 자리를 만들어주니까 서로 부딪치지 않아 물러지지도 않고, 곰팡이도 생기지 않아 싱싱하다.

귤의 자리를 만들어주고 나니, 각자의 자리를 만들어주는 일이 단체 생활에서 얼마나 중요한지 깨달았다. 직장도, 학교도, 가정도, 모두 단체 생활이다. 항상 많은 사람과 한 공간에 있고, 종일 함께 일한다. 직장에서는 내 자리, 학교에서는 내 책상, 가정에서는 내 베란다가 단체 생활을 귤처럼 오랫동안 신선하게 유지하게 한다. 더 나아가 보면 직장에서 나만 알고 있는 산책 공간이나, 학교에서 조용히 쉴 수 있는 벤치, 가정에서 포근한 침대가 나의 쉼터가 된다. 이런 공간에서 짧게 쉬었다가 나오면, 귤처럼 짓무르거나 곰팡이가 생기는 것을 방지할 수 있다. 그런 쉼터를 소유하는 것은 중요하다.

외근 후 고단한 몸을 이끌고 사무실에 들어선다. 제일 편한 내 자리에서 오늘 업무를 정리한다. 이 자리에서 생각을 정리하고, 나의 역할을 다한다. 귤에 각자의 자리를 주니 신선도를 유지한 것처럼 나도 내 자리에서 다시 회복되는 시간을 가진다. 함께 하기 위해서는 귤도, 나도 자리가 필요하다.

can make a big garden together."
unshine and is very comfortable."

"What will bi
They will

#자연은 성찰하지 않는다

지구상의 생명체 중 인간이 가장 위대한 점은 자신을 바라보고 성찰하는 유일한 생명체이기 때문이다.

이 문장을 처음 읽었을 때, 나는 완전히 동의할 수 없었다. 인간의 성찰이 위대하다는 주장에 의문을 품게 된 것은 자연과 동물의 위대함이, 인간보다 더 크게 다가왔기 때문이다. 인간이 성찰을 통해 자신을 돌아보는 동안, 자연은 별다른 성찰 없이 그 자체로 완전하고 위대한 삶을 살아가고 있다. 인간을 제외한 모든 생명체는 언제나 현재를 산다. 그들은 과거를 돌아보지도, 미래를 걱정하지도 않는다. 그저 현재를 잘 살아내고, 가장 큰 미션인 종족 번식의 숙제를 충실히 수행하면 삶이 끝난다.

이 단순한 삶의 방식은 오히려 인간의 복잡한 사고와 비교할 때 더 순수하고 진정한 것처럼 느껴진다. 자연은 그 자체로 존재하며, 이미 완전하다. 나무는 뿌리를 내리고, 꽃은 피어나고, 동물들은 본능적으로 살아간다. 그들은 자신이 해야 할 일을 알고 있으며, 그 과정에서 성찰이나 고민이 필요 없다. 자연의 위대함은 성찰 없이 존재한다는 점에서 더욱 빛난다. 인간은 끊임없이 자신을 돌아보며 과거의 실수와 미래에 대한 불안을 고민하지만, 자연은 그저 존재함으로써 모든 것을 이룬다. 생명체들은 본질적으로 서로 연결되어 있고, 이 연결은 복잡한 사고 없이도 이루어진다. 자연의 생명체들은 서로의 존재를 인정하고, 그 안에서 조화를 이루며 살아간다. 이러한 모습은 인간이 잃어버린 순수함과 단순함을 일깨운다.

물론 인간의 성찰은 중요한 가치이다. 우리는 과거의 경험을 통해 배우고, 미래를 계획하며 더 나은 삶을 추구한다. 그러나 성찰은 때로 우리를 괴롭히기도 한다. 스스로에게 질문을 던지고 그 답을 찾기 위해 고군분투하는 과정에서 불안과 두려움에 시달리기도 한다. 반면, 자연은 그러한 고통이 없다. 그들은 그저 존재하는 것만으로도 아름다움을 만들어낸다.

자연은 성찰이 필요 없다.

#내가 자연스럽다

모임에서는 내 생각을 말하는 것을 좋아했다. 사람들과의 대화 속에서 나의 의견을 나누고 서로의 생각을 교환하는 과정은 큰 즐거움이었다. 실컷 이야기했지만, 집으로 돌아와서는 '아까 그 자리에서 이 말을 해야 했는데'라며 아쉬워하기도 했다. 시간이 흐른 후 나에게 향하는 공감이 충분히 채워졌는지, 어느새 상대의 목소리를 귀 기울여 듣고 있는 나를 발견하게 되었다.

그러다 문득 창밖을 바라보았다. 바람에 나무가 흔들리고 새들이 지저귀었다. 자연은 언어를 사용하지 않는다. 나무는 바람의 흐름을 느끼고, 새들은 서로의 존재를 인식하며 조화를 이루고 있었다. 언어라는 수단 없이도 서로 소통하며 잘 살아가고 있었다. 그 모습은 마치 서로를 충분히 공감하고 또 서로에게 공감받는 삶으로 보였다.

나도 자연을 닮아가고 있는 것 같았다. 언어로만 존재를 증명할 수 있다는 굳은 믿음이 사라지고, 남겨둔 이야기에 관한 아쉬움이 덜해졌다. 남겨둔 이야기는 자연과 나누게 되었다. 자연과 대화할 때는 언어를 사용하지 않아도 되기 때문이다. 공감은 언어에 갇히지 않는다. 자연은 그 자체로 공감의 원천이 되어 준다. 그렇게 나는 점점 자연스러워지고 있다.

Part 5.
예술, 그 의미에 관하여

이 페이지는 본 도서를
텀블벅으로 제작하는데
도움을 주신 후원자들 중,
"예술에 관한 문장전"에 참여한 분들의
글을 수록했습니다.

예술이란,
인간이라면 누구나 누리고 표현할 수 있는 '생각'이다.
그러므로 혼자 할 때보다 함께 나눌 때 더 가치있다.

- 꽁미

플라스틱 뚜껑에서 피어난 작은 새싹이 모여
지구가 다시 태어날 수 있는 기적을 만드는 것과 같이
일상 속 반짝이는 작은 영감이 모여
세상을 바꾸는 아름다운 기적이 됩니다.
아무리 작은 티끌이라도,
세상에 쓸모없는 것은 아무것도 없습니다.

- 사서이지은

예술이란?

나의 "무대".

독백하고, 춤추고 뛰어놀고 드러눕고.

언제나 머물고 싶은 곳.

- 끄동이

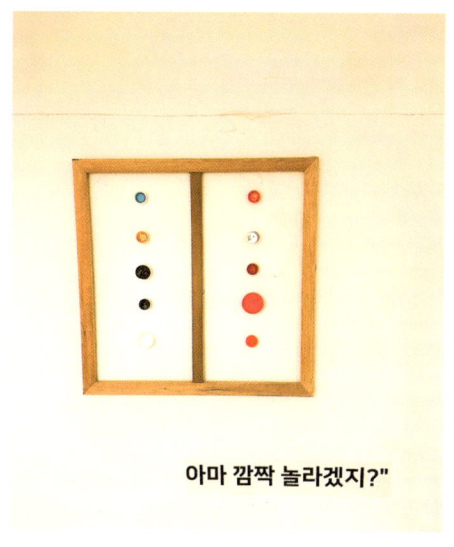

아마 깜짝 놀라겠지?"

예술을 사랑하는 것은 삶을 사랑하는 것과 같다.
예술적 삶을 살아내는 것이 우리의 몫이므로.

- 씨씨언니

표현하지 못하면 죽는 병에 걸렸다.
피할 수 있었으면 좋으련만, 피하지 못했다.
도구를 찾아 헤맸다.
찾았다.
피를 잉크로, 뼈를 촉으로 예술을 그린다.
고고한 예술은 없다.
고통스럽게 도전한다.
피칠갑 한체 쓴다.
평생 고치지 못할 질환이다.
남은 생 함께 할 환후다.
살기 위해 예술을 끌어안는다.
바짝 마른 핏가루가 후두룩 떨어진다.

- starry garden

본캐와 부캐를 나누어 창작 활동에 뛰어든지 벌써 3년이 훌쩍 넘었다. 독립출판으로 책을 3권 정도 냈고, 인스타에 가끔 글을 끄적이고, 공식적인 예술인 활동 증명 확인도 받은 나름 '예술인'이지만, 난 여전히 평범한 직장인이다.

나는 스스로 창의력이 그닥 좋다고 생각하지 않는다. MBTI에서 S가 수치가 높은 나는 현실 감각이 높은 편이지, 신기한 생각을 많이 하지 않는 것 같진 않다. 그래서인지 예술이란 단어랑 나는 별로 어울리지 않는다고 생각했다. 그러다 문득 예술이 뭘까 고민해봤다. 꼭 창의적인 것만 예술일까?

오늘도 나는 아름다운 자연에 감탄했고, 길거리에서 멋진 그림 작품도 봤으며, 책도 조금 읽었고, 지금은 이렇게 메모장에 글을 끄적인다. 이것도 예술 활동이라는 생각이 들어서, 괜히 가슴이 차오르는 밤이다.

- 탈리타

세상에 도움이 되는 콘텐츠를 창작합니다.

디디북스 도서 목록

사모님 청소하러 왔습니다
코로나로 해고 통보를 받은 뒤 프로N잡러가 되기 위해
선택한 최후의 직업 청소부. 그 현장을 낱낱이 공개합니다.

그놈의 댕댕이
전문적으로 강아지와 산책하며 돌봄전문가로 활약하는 펫시터.
갖가지 노하우와 에피소드를 선보입니다.

야매소설 작법서
초보자를 위한 야매 글쓰기 작법서 입니다.
실용 글쓰기부터 문학 글쓰기까지 총망라한 아이디어 뱅크.

귀여워서 INFP
MBTI를 좋아하는 독자님들의 추천 도서.
보편적인 INFP가 아닌 작가의 내밀한 이야기들.

압정게임
숏폼의 시대를 따라 7가지의 단편 소설이 수록되었습니다.
짧고 간결한 문체로 보다 새롭고 즐겁게!

지금을 사는 여행
인생에서 잠시 멈춘 여행의 순간들.
자신을 찾기 위해 떠난 여행이 인생의 큰 갈림길이 되었습니다.

대만의 모든 길은 나를 닮았다
선생님의 좌충우돌 대만 모험기.
교실 밖을 벗어나 진정한 나를 찾는 성숙의 여정기 입니다.

나는 일상에서 영감을 주웠다
일상 속에서 영감을 발견한 아티스트의 깊이 있는 성찰들.
독특하고 색다른 관찰을 따라 예술의 세계에 잠겨봅니다.

나는 일상에서 영감을 주웠다

2025년 7월 1일 1판 1쇄 발행
지은이 / 임승희
펴낸 곳 / 디디북스(디디컴퍼니)
출판등록 / 제2021-000112호
전자우편 / didicompany.kr@gmail.com
인스타그램 / @didi_company_books (출판사)
　　　　　　@ggjeplay (작가)
ISBN / 979-11-94078-06-7 (03810)

ⓒ 디디북스
이 책의 판권은 지은이와 디디북스에게 있으며, 무단 전재 및 복제를 금합니다.
본 도서는 KoPub 바탕체 및 돋움체, Pretendard 폰트를 사용하였습니다.
도서에 수록된 작품 사진은 임승희 작가에게 저작권이 있습니다.
디디북스는 디디컴퍼니의 출판 브랜드 입니다.